Britta Kienle

Kartenlegen leicht erlernbar

nach Art der Madame Lenormand

Der große Selbstlernkurs
Lehrbuch I Grundkurs
Einfach und schnell
zum professionellen Kartenlegen

Herstellung:
Books on Demand GmbH, Norderstedt

ISBN: 978-3-936568-31-8

www.brika-verlag.de
Brigitte Kienle

Der große Selbstlernkurs

nach Art der Madame Lenormand
Lehrbuch I Grundkurs
Lehrbuch II Aufbaukurs
Lehrbuch III Fortgeschrittener Kurs
Einfach und schnell zum professionellen Kartenlegen
Schritt für Schritt
Lehrbüchern I-IV in **drei Bänden** überarbeitet und erweitert

Ein begleitendes Übungsbuch ist ebenfalls erhältlich.

Das große Übungsbuch

nach Art der Madame Lenormand
Einfach und schnell zum professionellen Kartenlegen
Schritt für Schritt
Die darin enthaltenen Übungen eignen sich zur Vertiefung der Übungen des großen Selbstlernkurses
Das große Übungsbuch kann zu all meinen Lehrbüchern begleitend eingesetzt werden.
Zum Kompaktkurs, Fernkurs, zu den Lehrbüchern, sowie zu meinen Seminaren.

www.kartenlegekurse.de:
Britta Kienle Telefon: 0711 316 7200

In den **3 Lehrbüchern** arbeiten wir mit den Karten der

Blauen Eule

sowie mit

Brittas Wahrsagekarten

Dieses außergewöhnlich schöne Kartenset enthält anstelle der sonst häufig verwendeten Skatsymbole zwei ganz besondere Zeichen, die Ihnen den Einstieg in diese hohe Kunst erleichtern sollen: Karten, welche zeitlichen Bezug oder eine weitere Bedeutung als Zukunftskarte haben, sind mit zwei zusätzlichen, schnell erkennbaren Markierungen versehen:

dem Auge (Zukunftskarte) 
sowie
der Uhr (Zeitkarte) 

In den 3 Lehrbüchern Grundkurs I, Aufbaukurs II und im Fortgeschrittenenkurs III, sind die

Karten der Blauen Eule

sowie

Brittas Wahrsagekarten

abgebildet.

Brittas Tipp: ☞

Unter dem Stichwort „Brittas Tipp“ finden Sie in jedem der folgenden Kapitel einen oder mehrere Ratschläge, Tipps oder Buchempfehlungen, die Ihnen das Arbeiten mit Ihren Karten weiter erleichtern sollen. Dabei bleibt es natürlich ganz Ihren selbst überlassen, ob oder inwiefern Sie dieser Empfehlung nachkommen möchten. Auch wenn Sie bereits eine gewisse Sicherheit im Umgang mit Ihrem Lenormand-Kartenset erreicht haben, sollten Sie die zahlreichen Übungen in meinen Büchern nicht gedankenlos überspringen. Diese Übungen dienen der Geläufigkeit und sorgen dafür, dass auch selten verwendete Tableauformen nicht in Vergessenheit geraten.

Selbst der routinierteste Autofahrer verliert ohne häufige Fahrpraxis in ungewohnten Situationen rasch den Überblick. Kartenlegern ergeht es diesbezüglich leider nichts anders!

Üben Sie deshalb auch die Kartenreihen und Kombinationen, die Ihnen auf den ersten Blick einfach erscheinen.
Nur so können Sie sichergehen, Fehlinterpretationen aus Unachtsamkeit zu vermeiden.

Inhalt Lehrbuch | Grundkurs

Die Bedeutung der 36 Karten nach Art der Madame Lenormand	Seite	16
Kurzbedeutungen auf einem Blatt	Seite	51
Das Ziehen einer Tageskarte	Seite	56
Karten verstehen und deuten lernen	Seite	61
Zwei Karten miteinander verbinden Übungen und meine Lösungsvorschläge	Seite	68
Drei und mehr Karten miteinander verbinden Übungen und Lösungsvorschläge	Seite	72
Sieben besondere Karten, die mehrere Bedeutungen beinhalten Tipps, Übungen und meine Lösungsvorschläge	Seite	85
Wichtige Kombinationen Krankheiten Tipps, Übungen und Lösungsvorschläge <u>Ein wichtiger Ratschlag zum Thema Krankheiten</u>	Seite	101
Testen Sie sich	Seite	111
Lösungen der Testaufgaben	Seite	115

Das Kartenlegen ist eine seit Jahrhunderten
von Generation zu Generation überlieferte Tradition.
Auch heute ist sie aus unserem Alltag nicht mehr wegzudenken.
Immer mehr Menschen suchen in dieser Kunst

Rat und Hilfe für ihr Leben.

Eine der bedeutendsten Vertreterinnen dieser Kunst war
Madame Anne-Marie Lenormand.

Ihre hellseherischen Fähigkeiten, sowie ihr feines Gespür für die Probleme Ihrer Mitmenschen werden auch heute noch anerkannt.

Madame Lenormand lebte vom 27.05.1782 bis 25.06.1843 in Paris und wurde von zahlreichen politischen und adligen Persönlichkeiten konsultiert.

In jungen Jahren entdeckte ich diese Kunst und hatte seither das Glück, mit Hilfe dieser Methode vielen Menschen helfen zu können.

Aus dieser Erfahrung heraus ist es mir ein Bedürfnis, die **Kunst des Kartenlegens** auch allen interessierten Leuten weiterzugeben, um diese schöne Tradition zu unterstützen und zu erhalten.

Ich bin sicher, dass Ihnen dieser große Selbstlernkurs in
3 Bänden
Kartenlegen leicht erlernbar nach Art der Madame Lenormand
viel Freude bereiten wird.

Vorwort

Lieber Kartenleger / Liebe Kartenlegerin!

Es ist mir eine große Freude, Sie in der faszinierenden Welt des Kartenlegens willkommen heißen zu dürfen.

Bei dem vorliegenden Lehrwerk handelt es sich um eine vollständig überarbeitete und neu gestaltete Ausgabe, die das Grundwissen, zahlreiche Übungen und Testaufgaben der Einzelbände I und II, sowie einen Einblick in die weiterführenden Bände enthält und es Ihnen ermöglichen soll, sich eine solide Grundlage im Umgang mit Ihren Lenormand-Wahrsagekarten weitestgehend selbst zu erarbeiten.

Ergänzend hierzu finden Sie in meinem separat erhältlichen **Übungsbuch** zahlreiche weitere Übungen und Aufgaben.
Wer über einen Internetanschluss verfügt, kann auch meine **Lerntrainer** auf www.kartenlegeschule.de nutzen (Demoversion kostenlos), mit deren Hilfe das bisher Gelernte weiter vertieft werden kann.

Wer meine weiterführenden Bücher kennt, mag sich vielleicht ab und an wundern, weshalb er auf einzelnen Übungen stößt, die bereits aus dem Kompaktkurs bekannt sind.

Dies beruht jedoch auf der Annahme, dass neue Informationen vom Gehirn besser aufgenommen werden, wenn sie mit etwas bereits Bekanntem verknüpft werden.

Diese Art von Wiederholungseffekt wirkt sich nach wissenschaftlichen Erkenntnissen äußerst positiv auf den Lernprozess aus.

Tipp:
Fassen Sie Neues immer wieder selbst in Ihren eigenen Worten zusammen und sprechen Sie die Bedeutung der Karten laut vor sich hin.

So aktivieren Sie unterschiedliche Bereiche des Gehirns und wirken dem Lernprozess unterstützend entgegen.

Auf diese Weise erarbeiten wir uns gemeinsam Schritt für Schritt eine solide Basis, die Ihnen auf Ihrem Weg zum professionellen Kartenlegen eine große Hilfe sein wird.

Vergessen Sie nicht, dass es sich hier um ein reines Basiswerk handelt, das Ihnen den Einstieg erleichtern und sie auf dem schnellen Weg zum Erfolg begleiten soll.

Im Wesentlichen gliedert sich dieses Lehrbuch in drei sich ergänzende Teile:

- *Die Einführung:* Hier werden Ihnen die Karten in mehreren Beispielen in ihren Möglichkeiten und Kombinationen gezeigt und erläutert.

- *Die Übungen:* In diesem Abschnitt haben Sie die Möglichkeit, das Erfahrene anhand von Übungen zu vertiefen und Ihre neu erworbenen Fähigkeiten auszuprobieren.

  Auf jede Übung folgt meine eigene Interpretation in meinen Worten als möglicher Lösungsvorschlag.

- *Die weiterführenden Beispiele* geben Ihnen nun die Chance, Ihr Können innerhalb eines größeren Sachzusammenhanges anzuwenden.

Sie selbst können den Lernprozess dabei unterstützen, indem Sie Ihre Lösungen mit ihren eigenen Worten formulieren und aufschreiben.

Eine wörtliche Übereinstimmung mit meiner Musterlösung ist dabei übrigens weder nötig, noch erwünscht.

Viel wichtiger ist, dass Sie das Interpretieren in Ihren Worten und nach Ihrer Sichtweise üben.

Vergessen Sie bei aller Freiheit aber bitte nicht, dass der Sinn (die Grundaussage) Ihrer Lösung dabei jedoch stets mit meinem Lösungsvorschlag übereinstimmen sollte.

Ich wünsche Ihnen nun viel Spaß und Erfolg beim Üben!

Ihre Britta

Etwas Persönliches

Als ich vor mittlerweile zwölf Jahren mit dem Schreiben begann, lag mein Ziel darin, ein System zu vermitteln, das auch Anfängern das Arbeiten mit den Wahrsagekarten so einfach und nachvollziehbar wie möglich machte.

Meine Kunden sollten das Erlernen und Üben dieser Kunst als spielerisch und kurzweilig empfinden, und sich über rasche Erfolge freuen können.

Noch ein Tipp zum Thema Ängste:

Private und berufliche Probleme und Unstimmigkeiten können besonders bei sensiblen Menschen leicht Ängste auslösen oder auch bereits vorhandene Unsicherheiten verstärken, die dann das tägliche Leben beeinflussen oder - im schlimmsten Fall - sogar beherrschen können.

Mir selbst erging es leider nicht anders.

In einer Zeit, die für mich mit großen persönlichen Problemen belastet war, begann ich das Kartenlegen zu erlernen und mich auf dem mir bis dahin unbekannten Gebiet der Esoterik umzusehen.
Im Zuge dieser Entwicklung lernte ich eine ganz neue Sichtweise kennen und schätzen, wurde durch diese neue Art, die Menschen in meiner Umgebung zu betrachten, immer feinfühliger, und begann auch wieder, verstärkt auf meine *innere Stimme* zu hören.

So gelang es mir schließlich auch, die Beweggründe der Menschen um mich herum besser zu verstehen und nachzuvollziehen.

- *Diese Menschen haben ein Problem. Nicht ich.*

Dies war eines der größten Aha-Erlebnisse meines Lebens.

Trotz aller anfänglichen Begeisterung für die neuen Erkenntnisse, die wir durch das Erlernen dieser Kunst gewinnen, sollte man jedoch nicht vergessen, dass das Kartenlesen lediglich Möglichkeiten und Wege aufzeigt, die man verfolgen könnte, um seine Lage zu verbessern.
Dabei steht es uns selbstverständlich jederzeit frei, uns anderweitig zu entscheiden und einen Weg einzuschlagen, der uns selbst in diesem Moment sinnvoller erscheint.

Lassen Sie sich also nicht von den Karten die Zügel für Ihr Leben aus der Hand nehmen

und arbeiten Sie auch weiterhin mit Ihrem Verstand und Ihrem Bauchgefühl. Denken Sie jedoch gut über die Ratschläge nach, die Sie aus Ihren Karten erhalten.

Auf jeden Fall geben Ihnen die Karten:

- *Anregungen und Impulse zum Nachdenken,*
- *vielleicht auch einen Anlass, etwas zu unternehmen*
- *Hinweise, die Ihnen helfen können, eventuelle Probleme vorn vorneherein zu verhindern.*

Genießen Sie Ihre neue Ausgeglichenheit und nehmen Sie diese zum Anlass, gelassen und sicher Ihren persönlichen Lebensweg zu gehen.

- *Jeder Mensch muss seine Zukunft und sein Schicksal selbst in die Hand nehmen.*

- *Stellen Sie also die Weichen neu auf Ihrem Weg zu Ihrem persönlichen Erfolg.*

Zur Erinnerung:
Nutzen Sie Ihre Karten dabei gerne als Hilfestellung, doch machen Sie sich und Ihr Leben nicht von einem Medium wie Wahrsagekarten, Pendeln oder anderen spirituellen Hilfsmitteln abhängig.

Die nachfolgende Aufstellung der einzelnen Karten der Madame Lenormand enthält sowohl „**Brittas Wahrsagekarten** nach Art der Madame Lenormand“, als auch das Kartendeck der „**Blauen Eule**“.

Lehrbuch | Grundkurs

Im ersten Teil dieses Kurses möchte ich Ihnen

die Bedeutung der 36 Karten nach
Madame Lenormand
vorstellen

Tipp:
Am Anfang werden wir nur mit den Kurzbedeutungen der einzelnen Karten interpretieren.
Diese Deutungen sind freilich noch recht verallgemeinernd und gehen noch nicht auf tiefer liegende Probleme oder Fragen ein, eignen sich aber sehr gut dazu, ein Verständnis für die Karten und ihre Aussagen zu entwickeln.

Sie werden staunen, wie schnell Sie mit dieser Methode das Interpretieren Ihrer Karten erlernen werden.

Mit Hilfe einfacher Übungen,
wie beispielsweise dem Ziehen eine Tageskarte,
werden Ihnen diese Aussagen
bald in Fleisch und Blut übergehen.

Sobald Sie die allgemeinen Eigenschaften
der Karten verinnerlicht und verstanden haben,
werden wir gemeinsam damit beginnen,
die einzelnen Aussagen miteinander zu verbinden
und in einen sinnvollen Gesamtzusammenhang
zu bringen.

1. Reiter

- **Allgemein:** Gespräche und Kontakte aller Art
- **Gesundheit:** Kontaktangst, Bronchien, Halsschmerzen, Sprachprobleme
- **Eigenschaften:** sportlich, fit, offen, sprunghaft, redselig, kontaktfreudig
- **Beruf:** Berufe, in denen der Kontakt zu Menschen eine große Rolle spielt, Berufe mit Sprache (z.B. Lehrer, Übersetzer, ...)
- **Tiere:** Pferd, Pony, Rind, Großvieh
- **Astrologisch:** Zwilling
- **Chakra:** Kehlkopfchakra
- **Edelstein:** Beryll, Aquamarin

Die *Reiterkarte*
bezieht sich auf alle Arten von zwischen-menschlichen Kontakten. Sowohl persönliche Gespräche von Angesicht zu Angesicht, als auch Telefonate kommen hier in Frage. Achten Sie jedoch darauf, diese Karte nicht mit der Karte Nr. 27 Brief, zu verwechseln, die sich auf schriftliche Kontakte, wie Briefe, e-Mails, SMS oder auch Chats über das Internet bezieht.

Verbindungen mit anderen Karten:
Die Art der Kontakte hängt stets von den umliegenden Karten im Kartenbild ab. Sind diese Karten positiv, so werden auch die Gespräche und Kontakte positiv verlaufen. Streitgespräche werden hingegen von Karten wie *Nr. 11 Rute* angezeigt. Auch die Person, mit der diese Gespräche geführt oder Kontakte geknüpft werden, wird durch die umliegenden Karten symbolisiert.

2. Klee

- **Allgemein:** kleines Glück, glückliches Gelingen,
- glücklicher Ausgang
- **Gesundheit:** Nerven, Einsamkeit
- **Eigenschaften:** glücklich, positiv
- **Zeit:** bald, 2 Stunden, 2 Tage,
  ein Zeitraum von 2 Monaten
- **Tiere**: Käfer, Insekten, Spinnentiere

Die Karte Nr.2 Klee wird von manchen Kartenlegern auch als „Der Glücksbringer" bezeichnet.
Tatsächlich deutet sie auf einen angenehmen Ausgang, eine glückliche Situation oder eine positive Entwicklung hin.
Negative Situationen können durch diese Karte hingegen abgemildert werden. Liegt sie beispielsweise am Ende einer unangenehmen Reihe, so wird am Ende doch noch alles gut ausgehen.

Verbindungen mit anderen Karten:
Liegt die Kleekarte am Ende einer Deutungslinie, so wird oder kann diese Angelegenheit eine angenehme Wendung nehmen und am Ende gut ausgehen.

Vorsicht ist geboten, wenn diese Karte vor der Nr. 10 Sense liegt. Dies bedeutet: Das Glück endet.

3. Schiff

- **Allgemein:** kurze Reise: Nachbarstadt, innerhalb des Landes, Bewegung, Schwung
- **Gesundheit:** Reisekrankheit, eine Reise macht krank, während der Reise wird man krank
- **Eigenschaften:** Reiselust, Freiheitsliebe, Ungebundenheit
- **Zeit:** Wende innerhalb eines Zeitraumes von etwa 3 Monaten, ins Rollen kommen, Beginn
- **Beruf:** Vertreter, Berufe in denen man häufig unterwegs ist
- **Tiere:** Fische, Wassertiere

Diese Karte **Schiff** steht für Bewegung, Vorankommen, Fortschritt, oder auch für eine Reise im wörtlichen Sinn.
In vielen Fällen hat es sich bewährt, diese Karte möglichst wörtlich zu deuten.
Im Gegensatz zu Nr. 35, Anker, bezieht sich die Schiffskarte jedoch eher auf eine kurze Fahrt, eine Reise innerhalb des eigenen Landes, möglicherweise auch innerhalb der eigenen Stadt. Das Gefühl, das uns diese Karte vermitteln soll, ist das einer Bewegung.

Verbindungen mit anderen Karten:
In Verbindung mit der *Turmkarte Nr. 19* kann das Schiff als Reisetätigkeit gedeutet werden.
Die Karten *Nr. 2 Klee, Nr. 9 Blumenstrauß*, oder auch *Nr. 31 Sonne*, rücken die Reise in ein positives Licht.
Zur Vorsicht auf der Reise mahnt jedoch die Karte *Nr. 14 Fuchs!*

4. Haus

- **Allgemein** häuslicher Bereich,
- Im und um das Haus, Sicherheit, auf lange Sicht planen, Geborgenheit
- **Gesundheit:** man fühlt sich nicht wohl im häuslichen Bereich, der häusliche Bereich macht krank
- **Eigenschaften:** häuslich, gemütlich, geborgen
- **Beruf:** Handwerker, Hausmann oder Hausfrau, Raumpfleger, Heimarbeit

Die **Hauskarte** bezieht sich grundsätzlich auf das eigene Heim, unsere Heimat, eben das, was wir als unser „Zuhause" bezeichnen.

Sie vermittelt ein Gefühl von Sicherheit und Geborgenheit, Nachbarschaft und Gemütlichkeit. Die umliegenden Karten zeigen uns an, was uns „ins Haus kommen" (also auf uns zukommen) wird.

Verbindungen mit anderen Karten:
Grundsätzlich zeigen uns alle umliegenden Karten, wie es derzeit um unser häusliches Umfeld bestellt ist.
Eine wichtige Kombination stellt die Konstellation *Nr. 4 Haus*, und *Nr. 17 Storch*, dar. Sie deutet auf eine Veränderung im häuslichen Bereich hin. Dies könnte eventuell ein Umzug oder auch eine Renovierung sein.

5. Baum

- **Allgemein:** Leben, Wurzeln, Familie, Abstammung, Stabilität
- **Gesundheit:** Immunsystem
- **Eigenschaften:** Liebe zur Natur, Stabilität, auf Sicherheit bedacht
- **Zeit:** 9 – 12 Monate
- **Zukunftskarte:** Etwas wird mit Sicherheit auf uns zu kommen
- **Beruf**: Zukünftige Arbeit, Berufe, die allgemein als zukunftssicher gelten
- **Astrologisch:** Stier
- **Chakra:** Wurzelchakra
- **Edelstein**: Versteinertes Holz, Moosachat, Rosenquarz
- **Farbe:** Moosgrün

Der **Baum** steht ganz allgemein für alle Dinge, die mit Abstammung und Wurzeln zu tun haben.
Er bezieht sich auf unsere Familie, auf Traditionen und Althergebrachtes, zeigt Beständigkeit und Stabilität an.
Auch Gefühle oder Beziehungen, ja sogar Krankheiten können tief in uns verwurzelt sein.

Verbindungen mit anderen Karten:
Personenkarten (mit Ausnahme der eigenen Personenkarte) weisen in diesem Zusammenhang stets auf Familienmitglieder hin. So bedeuten *Nr.7 Schlange* Mutter, *Nr. 15 Bär* Vater, *Nr. 18 Hund* Bruder und *Nr. 13 Kind* das eigene Kind, oder auch eine jüngere Schwester. Die Rute deutet allerdings auf Familienstreitigkeiten hin.

6. Wolken

- **Allgemein:** undurchschaubar, nicht deutlich erkennbar, Unklarheiten
- **Gesundheit:** Durchblutung, Augen
- **Eigenschaften:** Undurchsichtigkeiten, Unklarheiten, Unsicherheit, Launenhaftigkeit
- **Beruf:** Alle Berufe, die sich auf Esoterik und Spirituelles beziehen
- **Chakra:** Stirnchakra
- **Edelstein**: Bergkristall

Die **Wolkenkarte** zeigt an, dass etwas in unserem Leben unklar, verhangen, düster und nicht durchschaubar ist.
So wie man an einem von Wolken verhangenen Himmel kaum etwas erkennen kann, so ist auch das Leben augenblicklich von nebligem, grauem Dunst durchzogen. Diesen Nebel gilt es nun zu lichten, um den Durchblick zurück zu gewinnen.

Achtung: Bitte beachten Sie, dass diese Karte am Ende einer Deutungsreihe eine andere Aussage aufweist!
An dieser Stelle bedeuten die Wolken: Etwas löst sich wieder auf.

Verbindungen mit anderen Karten:
Die klassische Verbindung der Wolkenkarte besteht zu Karte *Nr. 22 Wege.*
Eine Entscheidung darüber, welchen Weg man weiterhin gehen soll, stellt sicherlich immer wieder eine Herausforderung in jeder Lebenslage dar.

7. Schlange
Personenkarte

- **Allgemein:** Mutter, Großmutter, Tante, ältere Frau oder Freundin, Arbeitskollegin, Ex-Frau, auch Geliebte
- **Negativ:** Rivalin, Konkurrentin
- **Eigenschaften:** erfahren, weltgewandt, weise oder raffiniert
- **Tiere:** Schlangen, Reptilien

Die **Schlangenkarte** symbolisiert eine ältere Frau in unserer näheren Umgebung.
Oftmals wird ihr auch ein Alter ab 35 Jahren zugeordnet, dies ist jedoch nicht immer bindend. Allgemein lässt sich zum Alter der Schlange lediglich sagen, dass diese mindestens so alt ist, wie die Person, für die die Karten gelegt werden.

Verbindungen mit anderen Karten:
Diese Karte kann in Verbindung mit einer negativen Karte auch als Nebenbuhlerin, Rivalin, oder Ex-Frau des Partners gesehen werden, deren Einfluss die derzeitige Beziehung noch immer belastet. Messen Sie dem negativen Unterton jedoch nicht allzu viel Bedeutung zu, denn es kann sich bei der Schlange ebenso um eine wichtige Vertrauensperson in Ihrem Leben handeln. Hierzu kann beispielsweise eine ältere Freundin, Kollegin, Tante, Mutter, oder auch Schwester zählen.

Die Lebenserfahrung und Gewandtheit dieser Person kann Ihnen ebenso von großem Nutzen sein.

8. Sarg
Negativ-Karte

- **Allgemein:** Stillstand, Umbruch**,** Ende, Tod (etwas, das für den Fragenden gestorben ist)
- **Gesundheit:** angegriffene Gesundheit (weist auf Krankheiten hin)
- ***Achtung:*** *Diese Karte sagt **nicht** den Tod einer Person voraus!*
- **Eigenschaften**: kränklich, in sich gekehrt, fühlt sich nicht wohl, Stillstand, Bewegungslosigkeit, Zeitlosigkeit
- **Beruf:** Arzt, Heilpraktiker, heilende Berufe (z. B. Krankenpfleger)

Die **Sargkarte** mag auf den ersten Blick ein wenig erschreckend erscheinen, ist jedoch nicht grundsätzlich als negativ zu betrachten. Der Sarg kann auch darauf hinweisen, dass wir mit einer Situation oder einer Person abgeschlossen haben.
Diese Sache ist somit für uns erledigt, also „für uns gestorben".

Verbindungen mit anderen Karten:
Viele Verbindungen, die die *Sargkarte* mit sich bringen, deuten in der Tat auf belastende und krank machende Lebenslagen hin.
Liegt die Karte jedoch am Ende einer Deutungsreihe, so bleibt das Thema dieser Linie bestehen bis zuletzt.

So besteht in dieser Konstellation eine Ehe bis zum Tod, eine Freundschaft bis zum Lebensende. Doch auch eine mögliche Krankheit wird man unter Umständen nicht so schnell wieder los.

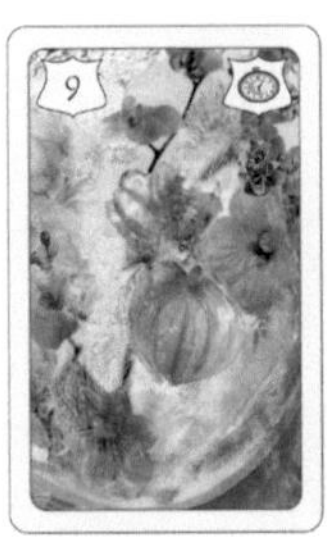

9. Blumen

- **Allgemein:** großes Glück, Feier, Geschenk, Einladung
- **Gesundheit:** Allergien, Heuschnupfen
- **Eigenschaften:** harmonisch, ausgeglichen charmant, herzlich, höflich
- **Jahreszeit:** Frühjahr
- **Berufe:** Florist, Naturheilkundler

Die **Blumenkarte** ist eine der positivsten Karten in jedem Deck nach Art der Madame Lenormand.

Die vielfältigen, bunt blühenden Pflanzen erinnern an Frühling, ein Wiederaufleben der Natur nach einem langen Winter, den Beginn eines neuen Jahres.

Sie drücken Lebensfreude, Geselligkeit, Glück und Freundschaft aus und symbolisieren Freude, gutes Gelingen, Einladungen und Zusammenkünfte.

Verbindungen mit anderen Karten:
Beinahe alle Karten im Deck bekommen mit der *Blumenkarte* eine positivere Bedeutung.
Schlechtes geht wieder gut aus, Unangenehmes kann sich zu Ihrem Glück und Vorteil entwickeln.

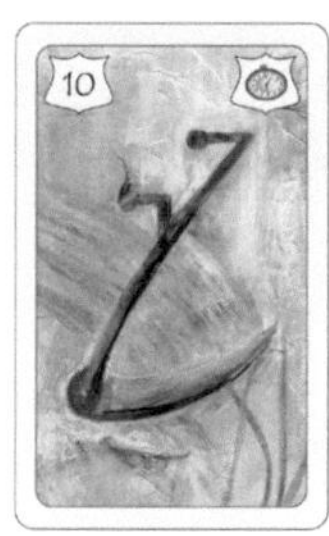

10. Sense

- **Allgemein**: plötzliches Ende, plötzlicher Neubeginn, Durchsetzungskraft
- **Gesundheit:** Plötzliche Erkrankung, Schnitt, Operation oder kleiner Eingriff
- **Eigenschaften:** dominant, durchsetzungsfähig, aggressiv, einschneidend
- **Zeit**: plötzlich, unerwartet
- **Jahreszeit**: Herbst
- **Edelstein**: Bernstein
- **Farbe**: Ocker

Die **Sense** ist ein Werkzeug, das klare und scharfe Schnitte macht. Situationen, Hoffnungen, aber auch unangenehme Einflüsse werden rigoros und mit einem Schlag beendet.
Diese Karte kann sowohl auf Unerwartetes oder Plötzliches, als auch auf klare Schnitte oder Brüche bezogen werden.
Verhalte ich mich selbst vielleicht ab und zu ein wenig zu durchsetzungsfreudig?

Verbindungen mit anderen Karten:
Je nach Lage der Karte in einer Kombination kann die *Sense* einen plötzlichen Beginn oder auch ein plötzliches Ende ausdrücken.
In Verbindung mit einer Personenkarte deutet sie auf einen durchsetzungsfreudigen, dominanten Charakter hin.

11. Rute
Negativ-Karte

- **Allgemein:** Ärger, Verdruss, Streit, Gewalt
- **Gesundheit:** Leber, Galle
- **Eigenschaften:** streitsüchtig, hart aggressiv, unversöhnlich
- **Beruf:** In Verbindung mit den entsprechenden Karten: Berufe, die ein gewisses Maß an Streitlust und Härte mit sich bringen (z.B. Rechtsanwalt, Richter…)

Die **Rute** ist ein Symbol der Aggression, des Streites, aber auch der Gerechtigkeit.

Nicht umsonst bekommen Kinder am Nikolaustag neben Süßigkeiten und kleinen Geschenken traditionell auch eine Rute zugeteilt. Sie soll stets daran erinnern, dass sie sich der Macht der Eltern zu fügen haben.
Auch die altägyptischen Pharaonen wurden häufig mit einer Rute oder einem Dreschflegel als Machtsymbol dargestellt, um ihre Macht zu symbolisieren.
Der Kraft der *Rute* ist man als Einzelperson häufig unterlegen und leidet unter ihrer aggressiven Ausstrahlung.

Verbindungen mit anderen Karten:
Alle Personenkarten gelten in Verbindung mit der *Rute* als besonders streitsüchtig und aggressiv.

12. Vögel
Negativ-Karte

- **Allgemein:** Kummer (kleiner Kummer), Sorgen, vorübergehende Mühen, bemühen, Gedanken
- **Gesundheit:** Kopfschmerzen, Nebenhöhlen
- **Eigenschaften:** besorgt, bekümmert, macht sich viele Gedanken, in Gedanken versunken, grüblerisch, bemüht, fleißig
- **Tiere:** kleinere Vögel, z.B. Wellensittiche oder Finken

Die **Vögel** weisen im Lenormand-Kartendeck eine Besonderheit auf: Sie können zwei Bedeutungen haben, die zwar in ihrem Ursprung zusammenhängen, in ihrer Auswirkung jedoch recht unterschiedlich sind: Zum einen kann diese Karte auf Kummer, Sorgen und Mühen hinweisen, andererseits betont sie ebenfalls, dass man sich selbst die Mühe machen sollte, eine unangenehme Lage zu seinem Vorteil zu verändern. Man muss sich also um Besserung ***be***mühen.
Zudem stehen die Vögel sowohl für Sorgen und Gedanken, als auch dafür, dass man noch einmal in sich gehen und in Ruhe über alles nachdenken sollte. Dann könnte man trotz aller schlechten Vorzeichen doch noch zu einer Lösung kommen.

Verbindungen mit anderen Karten:
Personenkarten, die mit den *Vögeln* in Verbindung stehen, weisen auf grüblerische Charaktere hin, die zur Melancholie neigen und oft mit ihren Gedanken beschäftigt sind.

13. Kind
Personenkarte

- **Allgemein:** Kind, Arbeitskollegin, junge Frau, Freundin, Geliebte, Naivität, Unschuld, Jugend Neubeginn
- **Eigenschaften:** naiv, jugendlich, kindlich
- **Beruf:** Berufe mit Kindern, wie Kindergärtner, Pädagogen und Tageseltern oder Lehrer

Ein **Kind** steht immer für einen Neuanfang, etwas nie da gewesenes, das in diese Welt hineingeboren wird.
Hierbei kann es sich sowohl um ein real existierendes Kind, als auch um einen neuen Lebensabschnitt handeln, oder auch um eine Idee, mit der man „schwanger geht".
Durch die fehlende Lebenserfahrung eines neugeborenen Wesens drückt diese Karte jedoch auch eine gewisse Naivität und Kindlichkeit aus.
Ebenso kann diese Karte wörtlich genommen und auf die eigenen oder auch fremde Kinder bezogen werden.

Verbindungen mit anderen Karten:
In Verbindung mit der Personenkarte Nr. 28 *Mann* könnte diese Karte auf eine jüngere Geliebte hinweisen.
Die Kombination *Storch, Lilie, Schlüssel* und *Kind* kann auch eine Schwangerschaft anzeigen.

14. Fuchs

- **Allgemein:** in Verbindung mit positiver Karte:
  Klugheit, Intelligenz, Cleverness, Schläue
  in Verbindung mit negativer Karte:
  Falschheit, Diebstahl, Betrug, Bauernschläue
- **Gesundheit:** chronische Krankheiten
- **Eigenschaften:** clever, unehrlich, raffiniert. hinterhältig, durchtrieben, auf den eigenen Vorteil bedacht
- **Tiere:** Fuchs, Katze, Wildkatze
- **Farben:** Rotbraun, Rostrot

Die **Fuchskarte** ist mit besonderer Vorsicht zu behandeln.
Hier sind mehr denn je die umliegenden Karten mit in die Deutung einzubeziehen, da die Bedeutung der Fuchskarte stark in positiver oder negativer Richtung gedeutet werden kann.
Grundsätzlich bezieht sich die Karte auf alles, was mit Klugheit, Intelligenz, Gewandtheit oder eben auch Gerissenheit zu tun hat.

Sie warnt vor übereilten Schritten und fordert dazu auf, klug und überlegt zu handeln.

Verbindungen mit anderen Karten:
In Verbindung mit positiven Karten weist der *Fuchs* auf Schläue und überlegtes Handeln hin. In Kombination mit einer negativen Karte, oder einer Personenkarte betont er eher Gerissenheit, Verschlagenheit und Raffinesse.

15. Bär
Personenkarte

- **Allgemein:** Vater, Großvater, Onkel, älterer Mann (ab etwa 35 Jahren), Ex-Mann, Arbeitskollege, Freund, Geliebter
- **Eigenschaften:** stark, kräftig, lebenserfahren, vertrauenswürdig, Führungspersönlichkeit
- **Zeit:** längerer Zeitraum, innerhalb von ca. 2 – 3 Jahren
- **Beruf:** Beamter (siehe Verbindung mit anderen Karten)
- **Tiere:** Bär

Im Gegensatz zu *Nr. 18 Hund*, handelt es sich bei der durch den **Bären** dargestellten Person um einen älteren Mann.
Typische Zuordnungen beinhalten den Vater, Großvater, Onkel, einen älteren Kollegen oder Freund.

Allgemein kann man sich an diese Persönlichkeiten anlehnen, sie vermitteln uns ein Gefühl des Umsorgtseins und der Sicherheit.
Typischerweise kommt diese Karte oft in Deutungslinien vor, die auf Personen hinweisen, von welchen Rat oder Hilfe zu erhalten wäre.

Verbindungen mit anderen Karten:
In Verbindung mit den Karten *Rute* und *Park* könnte es sich um Berufe, wie Richter und Rechtsanwälte handeln.

Die Verbindung mit der *Baumkarte Nr. 5* handelt es sich um eine ältere Person aus dem Familienkreis.

16. Sterne

- **Allgemein:** Intuition, Seele, Sehnsucht
- **Gesundheit:** Depression, seelisch angegriffen, Tränen; Achtung: Suchtgefahr
- **Eigenschaften**: hellsichtig, sensibel
- **Beruf:** Spirituell – z.B. esoterische Berufe; mit Verbindungskarte: weiße Magie, Hellsehen, Kunst
- **Astrologisch:** Fische
- **Edelstein:** Aquamarin, Perle
- **Farbe:** Alle hellen Blau- und Türkistöne

Die sensiblen, spirituellen und zukunftsweisenden Eigenschaften der **Sterne** machen sich esoterische Wissenschaften wie die Astrologie seit Jahrhunderten zu Nutze.
Bis vor nicht allzu langer Zeit waren die Astrologie und die Astronomie eine einzige ungetrennte Wissenschaft, die sich erst sehr viel später in die beiden genannten Richtungen aufspaltete.
Die Karte deutet auf unser spirituelles und geistiges Wesen hin, sie bezieht sich auf unsere Gefühlswelt und unsere Seele. Insgesamt gibt sie uns wichtige Hinweise auf unsere seelische Verfassung und kann ein melancholisches, nostalgisches Wesen anzeigen.

Verbindungen mit anderen Karten:
In Verbindung mit *Nr. 23 Ratte* zeigt diese Karte Depressionen, unerfüllte Sehnsüchte, oder die Gefahr an, den Bezug zur Realität zu verlieren.

17. Storch

- **Allgemein:** Veränderung, Erneuerung, Wandlung, Beweglichkeit, Technik
- **Gesundheit:** Füße, Beine
- **Eigenschaften**: wankelmütig, heute dies, morgen das!
- **Zeit**: Februar
- **Tiere**: größere Vögel
- **Astrologisch**: Wassermann

Der **Storch** ist die klassische Neuerungskarte.
Veränderungen aller Art werden durch ihr Erscheinen im Kartenbild angezeigt.
Auch ein unbeständiges, wankelmütiges Wesen, das sich schnell zu Neuem und Unbekanntem hinreißen lässt, wird durch die *Storchkarte* symbolisiert.
Nicht nur die Bewegung hin zu neuen Ufern, auch die Fortbewegung an sich lässt sich aus dieser Karte erkennen.
Fortschritt, Neuerungen und Umstürze, Wandel und Revolutionen können durch den *Storch* angezeigt werden.

Verbindungen mit anderen Karten:
Mit *Nr. 4 Haus* zeigt der *Storch* einen Umzug oder eine Veränderung im häuslichen Bereich (Renovierung, Umzug…) an.

In jedem Fall sollte stets auf die benachbarten Karten geachtet werden, um zu erkennen, ob es sich bei den durch die *Storchkarte* symbolisierten Veränderungen um Wandlungen ins Positive oder ins Negative handelt.

18. Hund
Personenkarte

- **Allgemein**: Kind, Sohn, Tochter (männlich veranlagt), Bruder, Freund, junger Mann, Liebhaber
- **Eigenschaften**: treu, wachsam, beständig
- **Beruf:** Arbeit mit Jugendlichen, Sozialpädagogik
- **Tiere:** Hunde

Der **Hund** ist eine der Personenkarten, die eine jüngere Person darstellen.
Wie auch die Karte *Kind* kann diese Karte ein Kind oder Enkelkind symbolisieren. In diesem Fall handelt es sich jedoch um ein männliches (oder männlich veranlagtes) Kind.
Weitere Zuordnungen wären: Freund, Kollege, Liebhaber, oder eine andere junge Person.

Liegt die Hundekarte neben einer älteren Personenkarte, so ist diese von jugendlicher Ausstrahlung und erscheint jünger, als sie tatsächlich ist.

Verbindungen mit anderen Karten:
Die *Hundekarte* gibt nebenstehenden Karten eine jugendliche Erscheinung.
In Verbindung mit der Baumkarte deutet sie auf einen Bruder oder einen jungen Mann aus dem Familienkreis hin.
Hundehalter können mit Hilfe dieser Karte auch etwas über die Befindlichkeit ihres vierbeinigen Freundes erfahren.

19 Turm

- **Allgemein:** Schule, Ausbildung, Arbeit
- **Eigenschaften:** arbeitsam, fleißig, strebsam, auf die Arbeit bedacht, effektiv
- **Beruf**: Lehrer, Schüler, selbständig, Führungsposition

Sämtliche Themen, die die Arbeit oder die Ausbildung betreffen, können mit Hilfe der **Turmkarte** erörtert werden.

Verbindungen mit anderen Karten:
Wie kaum eine andere Karte, lässt sich der *Turm* in unzähligen Verbindungen und Kombinationen deuten:

Alle umliegenden Karten werden in einen Bezug zur Arbeit oder Ausbildung gesetzt.
So handelt es sich bei umliegenden Personenkarten beispielsweise um Kollegen, Mitarbeiter oder Vorgesetzte.
Die Kombination mit der Karte *Nr. 20 Park* zeigt eine Arbeit oder auch ein Gebäude in der Öffentlichkeit an (Ämter oder andere öffentliche Gebäude).

In Verbindung mit der Karte *Nr. 26 Buch* zeigt der Turm, dass man sich weiterbilden, und zusätzliches Wissen sammeln sollte.

20. Garten

- **Allgemein**: Öffentlichkeit, Menschenansammlung
- **Eigenschaften**: offen, gesellig, geltungsbedürftig, menschenbezogen, braucht Publikum
- **Astrologisch:** Jungfrau
- **Edelstein:** Azurit, Karneol

Der **Park** steht stets für die Öffentlichkeit, für größere und kleinere Menschenansammlungen oder für die Gesellschaft an sich.
Er weist darauf hin, dass man sich wieder einmal unter die Leute, auf Veranstaltungen oder auch ins Theater, ins Kino und auf Feste begeben sollte.
Im Gegensatz zu den *Blumen*, welche Feierlichkeiten und Einladungen stets einen glücklichen, freudigen Aspekt zuweisen, betont der Park die Ansammlung mehrerer Menschen und kann je nach Position sowohl negativ als auch positiv ausgelegt werden.

Verbindungen mit anderen Karten:
Je nach Lage innerhalb einer Deutungslinie kann diese Karte gute oder schlechte Assoziationen mit sich bringen. Weltoffenheit und Geselligkeit können ebenso ausgedrückt werden, wie Ängste, die Erwartungen der Gesellschaft nicht zu erfüllen, oder das Gefühl, der Öffentlichkeit ausgeliefert zu sein (z.B. in Verbindung mit *Nr. 23 Ratte).*

21. Berg

- **Allgemein**: Stärke, Macht, Größe, Breite, unüberwindliches Hindernis, Blockade
- **Gesundheit:** Man fühlt sich durch übermäßige Belastung schwach, sieht nur noch Hindernisse und Blockaden vor sich
- **Eigenschaften** blockiert, hart, versteinert, gehemmt, mächtig, stur, starr, undurchdringlich
- **Zeit:** Winter
- **Beruf:** körperlich belastende Arbeit
- **Astrologisch:** Steinbock
- **Farbe:** braun

Die **Bergkarte** drückt Starre, Härte, Kraft und Stärke aus.
Wer einen großen Berg vor sich sieht, fühlt sich eingeengt und blockiert.
Ein Berg zwischen Personen hemmt alle Arten der Kommunikation.
Einen Berg zu erklimmen, ihn gar zu überwinden oder auch Stein für Stein abzutragen, ist kein leichtes Unterfangen.
Was durch ein Hindernis dieser Größe blockiert wird, braucht lange, ehe es heranreifen und fertig gestellt werden kann.

Wer sich von der den Ehrfurcht einjagenden, gewaltigen Ausmaßen des Berges nicht abschrecken lässt und sich Schritt für Schritt seinem Ziel nähert, braucht sich jedoch nicht einschüchtern zu lassen. Selbst mit einem solch gewaltigen Hindernis auf dem Weg kann man seine Wünsche verwirklichen und seine Ziele erreichen.

22. Wege

- **Allgemein:** getrennte Wege, neue Wege, Entscheidungen treffen, Lösungen suchen, Stress
- **Gesundheit:** Stress
- **Eigenschaften**: nach Lösungen suchend
- **Zeit:** ca. 7 Wochen, 7 Monate

Weggabelungen sind ein ausdrucksstarkes Symbol, das in vielen Legenden und Märchen immer wieder aufgegriffen wird.

Wir alle stehen Zeit unseres Lebens immer wieder erneut am Scheideweg und müssen eine Wahl darüber treffen, welche der möglichen Richtungen wir nun als nächstes einschlagen möchten. Dabei können wir uns zwar mit Freunden und Familienmitgliedern beraten, die endgültige Entscheidung liegt jedoch stets bei uns selbst.

Die **Wegekarte** soll uns einen Impuls geben, unsere Wege gut zu überdenken und nicht kopflos in die erstbeste Richtung zu laufen. Sie zeigt an, dass wir in Ruhe nach Lösungen suchen und diese dann Schritt für Schritt verwirklichen sollen.
Dabei sollten wir uns aller Konsequenzen bewusst sein, die unsere Entscheidungen mit sich bringen. Einen einmal eingeschlagenen Weg wieder zu verlassen ist möglich, jedoch mit viel Mühe verbunden.

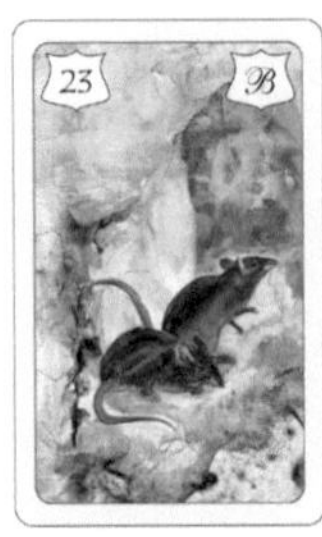

23. Ratte
Negativ-Karte
Krankheitskarte

- **Allgemein:** Verlust, Angst, weist auf Krankheiten hin: Etwas frisst und nagt an der Person, bei der die Karte liegt
- **Gesundheit:** Magen-Darmprobleme
- **Eigenschaften:** ängstlich, fühlt sich sehr unwohl, geschwächt, kränkelnd, leidend, bekümmert
- **Tiere:** Nagetiere, Mäuse, Ratten

Die **Rattenkarte** ist immer mit großer Vorsicht zu betrachten. Sie stellt stets eine **Warnung** dar und darf nicht leichtfertig übergangen werden.

Wie Mäuse und *Ratten* an allem nagen, was ihnen zwischen die Zähne kommt, so können unangenehme Gefühle, Lebenslagen und Gedanken an uns nagen und uns unsere Kräfte rauben.
Auch vor Krankheiten aller Art kann uns die *Rattenkarte* warnen.
Je nach umliegenden Karten könnten diese auch genauer spezifiziert werden. Zudem drückt die *Ratte* Ängste und Kummer aus und mahnt uns, eine Situation nicht klaglos hinzunehmen.

Verbindungen mit anderen Karten:
Die *Rattenkarte* muss stets in Verbindung mit den umliegenden Karten betrachtet werden, da diese das Thema anzeigen, das durch Ängste, Kummer oder Krankheiten belastet wird.
Mit *Nr. 36 Kreuz*: Zukunftsängste. Mit *Nr. 16 Sterne*: Depressionen, Kummer, seelische Unausgeglichenheit.

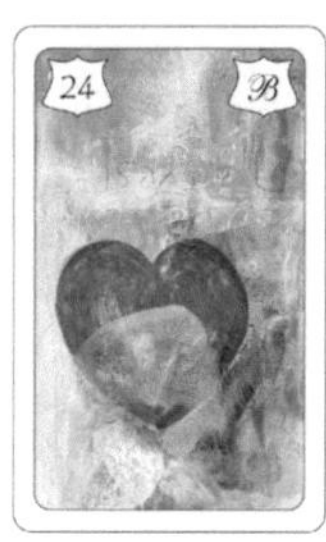

24. Herz

- **Allgemein**: Liebe, Herzlichkeit
- **Eigenschaften:** freundlich, herzlich, positiv, liebevoll, zärtlich
- **Gesundheit:** Herz, Blutdruck, Kreislauf
- **Beruf:** Verkäuferin/Schmuck, Mode
- **Chakra:** Herzchakra
- **Edelstein:** Rosenquarz

Die **Herzkarte** zu deuten fällt auch einem Laien auf dem Gebiet des Kartenlegens vergleichsweise leicht: Sie wird immer mit liebevollen, positiven und angenehmen Gefühlen in Verbindung gebracht.
Das *Herz* ist eines der ältesten Symbole für die Liebe an sich und daran hat sich auch in Bezug auf die Kartenlegekunst nicht geändert.
Diese Karte steht für die Liebe, für starke Emotionen, Zuwendung und Freundschaft.
Sie stellt eine der stärksten Empfindungen dar, zu denen wir fähig sind. Genau aus diesem Grund jedoch kann das Herz auch vor allzu überschwänglichen Gefühlen warnen. Wie schnell sich Liebe in Hass, blinde Wut oder Eifersucht verwandeln kann, haben wir wohl alle schon einmal erlebt.

Verbindungen mit anderen Karten:
Auch die *Herzkarte* sollte in Verbindung mit den umliegenden Karten betrachtet werden. Die Konstellation *Herz* + *Blumen* + *Ring* steht für eine Liebesheirat.

25. Ring

- **Allgemein:** Ehe, Partnerschaft, Verträge
- **Eigenschaften:** charmant, liebenswert
- **Gesundheit:** Nieren, Blase
- **Beruf:** Partnervermittlung,
  Arbeitet mit dem Partner zusammen
- **Astrologisch:** Waage
- **Edelstein:** Jade, Opal

Der **Ring** ist von Alters her ein Wahrzeichen für die Ehe.
Er symbolisiert das Band, das in früheren Zeiten um die Hände der Brautleute gewunden wurde, und sie für alle Zeit mit- einander verbinden sollte.
Der Reif ohne Anfang und Ende steht für die Unendlichkeit, Untrennbarkeit und die ewige Bindung.
So kann die Karte neben der Ehe auch auf Verträge oder andere Bindungen hinweisen.
Dies richtet sich jedoch wieder nach dem umliegenden Karten im Kartenbild.

Verbindungen mit anderen Karten:
Die klassische Verbindung stellen hier natürlich die beiden Karten *Ring* und *Herz* dar.
In Kombination mit der *Sonne* zeigt der *Ring* eine erfolgreiche Verbindung jeglicher Art an.
Eine Verbindung mit der *Turmkarte* kann auch auf einen Arbeitsvertrag hinweisen.

26. Buch

- **Allgemein**: erlerntes Wissen, Studium, Geheimnis, Wissen sammeln
- **Zukunftskarte:** es ist noch nicht spruchreif
- **Eigenschaften**: Geheimnisvoll, schreibt und liest viel, studiert, belesen, gelehrt
- **Beruf:** akademische Berufe, Verleger, Autor, Geisteswissenschaftler

Das **Buch** wird oft mit Lernprozessen, Studium und Wissen in Verbindung gebracht.
Hierbei kann es sich aber auch um Wissen handeln, das in einem Buch verschlossen, uns also somit nicht zugänglich ist.
So steht das Buch auch für Geheimnisse und Geheimlehren aller Art, etwas Verborgenes, nicht Erkennbares, das sprichwörtliche Buch mit sieben Siegeln.
Zu allen Zeiten versuchte man das Wissen und die Geheimnisse bestimmter Gruppierungen durch rituelle Bücherverbrennungen auszulöschen. Die Angst vor den Dingen, die wir selbst nicht wissen und daher nicht durchschauen können, ist also tief in uns verwurzelt.

Verbindungen mit anderen Karten:
Liegt diese Karte bei einer Personenkarte, so hütet diese Person Geheimnisse, oder hält Dinge oder Eigenschaften bewusst oder unbewusst vor uns verborgen.
Das *Buch* kann auch auf Wissen hinweisen, das wir uns aneignen sollten.

27. Brief

- **Allgemein:** schriftlicher Kontakt (Post, Verträge), Fax, E-Mail, Telefon, SMS, schneller Kontakt ist unterwegs
- **Gesundheit:** Rezepte, Überweisung
- **Eigenschaften:** schnell, flink, unanfechtbar, festgelegt, eloquent, wortgewandt, stilsicher
- **Beruf**: Bürotätigkeiten, Schreibarbeiten, Journalismus

Ein **Brief** drückt immer eine Kontaktaufnahme zwischen zwei Menschen aus. Im Gegensatz zur Karte *Nr. 1 Reiter*, spielt sich dieser Kontakt jedoch vorwiegend auf schriftlicher Ebene ab.
Ob wir uns nun freuen, einen Brief oder eine Mitteilung in unserem Postkasten vorzufinden, hängt nicht zuletzt von den Umständen ab, unter welchen dieser Kontakt gehalten wird.

Die Nachrichten, die uns durch diese Karte schriftlich zugetragen werden, können auch den Weg über die Tagespresse nehmen. Wichtig ist der schriftliche Aspekt des jeweiligen Mediums, nicht die private oder öffentliche Natur der Neuigkeit.

Verbindungen mit anderen Karten:
Um die angenehmen oder unangenehmen Aspekte dieser Karte zu erkennen, sollten auch an dieser Stelle die umliegenden Karten mit einbezogen werden.
Die Verbindung mit einer Karte wie *Nr. 21 Berg* deutet beispielsweise auf eine belastende Nachricht hin, während *Nr. 31 Sonne* eine positive Nachricht anzeigt.

28. Mann
Personenkarte
Fragender
Ehemann oder
Partner von
Nr. 29 Frau

29. Frau
Personenkarte
Fragende
Ehefrau oder
Partnerin von
Nr. 28 Mann

Die beiden **Personenkarten Nr. 28 Mann** und **Nr. 29 Frau** sind mit die wichtigsten beiden Karten in jedem Lenormand-Kartendeck.
Sie symbolisieren die Personen, für die die Karten gelegt werden und deren Partner.
Eine Frau, die sich die Karten legen lässt, findet sich also in der Karte *Nr. 29 Frau* und ihren Partner in der Karte *Mann* wieder.
Bei männlichen Konsultanten dreht sich die Zuordnung entsprechend um.

Verbindungen mit anderen Karten:
Bei diesen wichtigen Personenkarten sollten stets alle Deutungslinien, die von dieser Person ausgehen, mit in Betracht gezogen und gedeutet werden.
Ein Blick auf die Karten, welche von allen Seiten kommend an die Personenkarte angrenzen, zeigt den Momentanzustand dieser Person und sagt viel über deren Eigenschaften und Lebenseinstellung aus.

30. Lilie

- **Allgemein**: mit positiver Karte: Anregung (Sex), mit negativer Karte: Aufregung (Hektik)
- **Gesundheit:** Unterleib, Prostata
- **Eigenschaften:** charmant, aufregend, reizbar, aufreizend, aufgeschlossen, tiefsinnig
- **Astrologisch:** Skorpion
- **Chakra:** Sakralchakra
- **Edelstein:** Granat, Rubin

Die **Lilie** ist allein schon durch ihre auffällige Kelchform eine sehr sexuell anmutende Blume.
So steht sie auch für das Fleischliche an sich, für sexuelle Aktivitäten, Anregungen, Anreize und erotische Wünsche.

Verbindungen mit anderen Karten:
Liegt die *Lilienkarte* bei einer Personenkarte, so handelt es sich um eine sexuell aktive oder attraktive Person.
Zuweilen kann sie auch auf eine sexuelle Affäre hindeuten, wobei ein Hinzukommen der *Schlüsselkarte* auf die Ausführung des sexuellen Aktes hinweist.

Dabei muss die *Lilie* übrigens nicht zwangsläufig erotisch gedeutet werden. Sie kann sich ebenso auf Aufregungen oder Anregungen anderer Art beziehen.
Dies gilt besonders in Kombinationen mit negativen Karten.

31. Sonne

- **Allgemein:** Erfolg, Wärme, Hitze, Süden
- **Eigenschaften:** erfolgreich, wärmend, warmherzig, erfolgreich, hitzig, kraftvoll, optimistisch, Erfolg versprechend
- **Gesundheit:** Wechseljahre, Hitzeunverträglichkeit
- **Zeitkarte:** Sommer, Tag
- **Astrologisch:** Löwe
- **Cakra:** Solarplexuschakra
- **Edelstein:** Citrit, Bernstein, Diamant

Bei der **Sonne** handelt es sich um eine ausgesprochen positive Karte. Sie verweist auf Wärme, Licht, Erfolg und Hoffnung.
Zudem verfügt sie über eine nicht zu unterschätzende Wirkung auf unsere Stimmung und unser Immunsystem.
Fehlt uns in grauen Wintermonaten das helle und wärmende Sonnenlicht, so nehmen auch unsere Aktivitäten und unsere Lebensfreude in nicht unerheblichem Maße ab.
Des Weiteren steht diese Karte für südliche Länder und Richtungen, für den Sommer und die glühende Hitze ferner Länder.

Verbindungen mit anderen Karten:
Die *Sonnenkarte* gibt allen Karten, die mit ihr in Verbindung stehen, einen positiven Aspekt. Selbst vermeintlich negative Situationen können durch diese Karte abgemildert werden.
Liegt die Sonne am Ende einer Reihe, so geht das angesprochene Thema gut und erfolgreich zu Ende.

32. Mond

- **Allgemein:** Norden, Gefühle, Anerkennung, Abend, Nacht
- **Gesundheit:** Schlafstörungen, seelische Erkrankungen
- **Eigenschaften**: sensibel, gefühlsbetont, alles ernst nehmend, verträumt, überempfindlich
- **Zeit:** Nacht, Abendstunde
- **Beruf:** Arbeit in der Nacht oder nachmittags
- **Astrologisch:** Krebs
- **Edelstein:** Mondstein, Opal

Der **Mond** übt allgemein einen starken Einfluss auf unser Gefühlsleben aus. Menschen können bei verschiedenen Mondphasen oft nicht, oder nur sehr schlecht, schlafen.
Übermäßig sensible Menschen neigen bei Vollmond zum Schlafwandeln und viele seelische Störungen wurden zu früheren Zeiten als „Mondsüchtigkeit" bezeichnet. Die Mondkarte weist daher stark auf Gefühle und den Wunsch nach Anerkennung hin.

Verbindungen mit anderen Karten:

Die Karte *Nr. 21 Berg* weist in Kombination mit der *Mondkarte* auf Blockaden im Gefühlsleben hin.

Die Verbindung zu *Nr. 26 Buch* zeigt hingegen, dass man sich seiner Gefühle noch nicht bewusst ist.

Die beiden Karten *Mond* und *Sterne* verstärken sich in ihren Aussagen gegenseitig. Die Gefühle und der seelische Zustand werden hier besonders stark hervorgehoben.

33 Schlüssel

- **Allgemein:** Power, Arbeit, Kraft, Handwerk, Aktivitäten
- **Gesundheit:** Sehnen, Tennisarm, Gliederschmerzen
- **Eigenschaften:** fit, tatkräftig, lebendig, kraftvoll, wendig, sportlich, aktiv, handwerklich
- **Beruf:** Handwerker
- **Astrologisch**: Widder
- **Edelstein**: Jaspis, Tigerauge

Die **Schlüsselkarte** weist ganz ausdrücklich darauf hin, dass unbedingter Handlungsbedarf besteht. Der Stier muss bei den Hörnern gepackt werden. Welcher Art das Problem auch immer sein mag, es muss endlich in die Hand genommen werden. Unklarheiten und offene Enden müssen endlich vom Tisch. Lassen Sie sich jedoch nicht abschrecken; der Schlüssel drückt ebenfalls aus, dass dies möglich ist, wenn Sie konzentriert bei der Sache bleiben und sich nicht entmutigen lassen. Sie verfügen über die nötigen Kräfte und Fähigkeiten, etwas zu verändern. Überwinden Sie sich und nehmen Sie Ihr Leben wieder selbst in die Hand.

Verbindungen mit anderen Karten:
Aktivitäten, die eine Verbindung zur *Schlüsselkarte* aufweisen, werden nicht nur angedacht, sondern auch ausgeführt.
So wandelt sich die Bedeutung der *Lilie* durch den *Schlüssel* vom simplen erotischen Reiz hin zur tatsächlichen Ausführung des Liebesaktes.

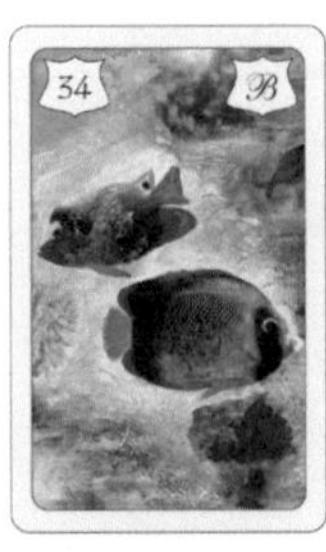

34 Fische

- **Allgemein:** Geld, Finanzen
- **Eigenschaften:** materiell veranlagt, auf finanzielle Sicherheit bedacht, geizig, sparsam
- **Gesundheit:** Ernährung beachten!
- **Beruf:** Banken, Finanzen, Versicherungen, Wirtschaft
- **Tiere:** Fische
- **Farbe:** Blau, Türkis, Preußischblau (dunkel)

Die **Fische** sind in einem Lenormand-Kartendeck verhältnismäßig einfach und schnell zu deuten. Ihre Aussage ist zumeist klar und bezieht sich stets auf Geld, Wertsachen oder Wertanlagen anderer Art.

Welches Thema in den Deutungslinien auch immer vorherrschen mag, die Fische betonen den finanziellen Aspekt der jeweiligen Angelegenheit und mahnen nicht selten zur angemessenen Umsicht.

Verbindungen mit anderen Karten:
Die *Fische* lassen sich mit jeder weiteren Karte in einen sinnvollen Zusammenhang bringen.
Besonders interessant ist die Kombination mit Glück verheißenden Karten, wie *Blumen* oder *Klee* (Gewinn, Geldsegen, aber auch Glücksspiel), oder negativen Karten *(Ratte, Sarg)*. Hier sollte man große Vorsicht walten lassen und seine Ausgaben besonders sorgfältig überdenken.

35 Anker

- **Allgemein:** Alter, Länge, Tiefe, Ausland, weite Reise
- **Eigenschaften:** tiefblickend, tiefgreifend, beständig, Halt gebend
- **Gesundheit:** Angst vor tiefem Wasser, Venenprobleme, Ödeme, Wassereinlagerungen
- **Zukunftskarte:** 2 Jahre
- **Beruf:** Arbeit im Ausland, Astrologie
- **Astrologisch:** Schütze
- **Edelstein:** Lapislazuli, Türkis

Wie ein Anker ein Schiff selbst bei stärkstem Sturm und Seegang sicher an seinem Platz hält, so steht die **Ankerkarte** für sicheren Halt, tief greifende Bindungen und Gefühle, sowie für lange Zeiträume, weite Reisen und das Alter an sich. Themen, die in Zusammenhang mit der *Ankerkarte* gebracht werden, währen lange und greifen tief. Personen sind tief schürfend und stehen mit beiden Beinen fest in ihrem Leben.
Zusätzlich kann der *Anker* auch für eine Reise in unser Innerstes, unser Seelenleben und unsere Vergangenheit stehen. Verdrängtes, das unser Handeln noch immer beeinflusst kann so erkannt und endlich aufgelöst werden. Auf diese Weise befreien wir uns von alten Lasten und können ein neues, freies Leben beginnen.

Verbindungen mit anderen Karten:
Im Gegensatz zum Schiff weist der *Anker* auf Reisen in die Ferne hin. Bei Personen handelt es sich in diesem Kontext häufig um Ausländer.

36 Kreuz

- **Allgemein:** Glaube, Hoffnung, Vertrauen, Zuversicht, zukunftsweisend
- **Eigenschaften:** religiös, gläubig, hoffnungsvoll
- **Gesundheit:** Rückenschmerzen, Zukunftsängste
- **Beruf:** Pfarrer, Nonne, Mönch
- **Zukunft:** ca. ein Jahr
- **Chakra***:* Scheitelchakra
- **Edelstein***:* Diamant, Fluorit

Das **Kreuz** ist eines der ältesten bekannten Symbole. Nicht nur im Christentum findet es Verwendung, auch in altägyptischer Zeit wurde es bereits genutzt. Dieses Zeichen verfügt über eine außergewöhnliche Mystik. So wurde ihm nachgesagt, es könne Vampire und böse Geister vertreiben, schütze vor dem Teufel, und Dämonen zerfielen bei seinem Anblick zu Staub.
Durch seine Präsenz auf Grabsteinen hat es sich ebenfalls zu einer Art Wahrzeichen für den Tod und die Vergänglichkeit des Lebens entwickelt, jedoch darf an dieser Stelle nicht vergessen werden, dass seine Funktion auch hier darin bestand, die Seelen vor dem Bösen zu schützen.
Es handelt sich also in keinem Fall um eine negative oder düstere Karte, sondern um ein Zeichen für den Glauben an die Zukunft und die Hoffnung auf Erlösung.

Verbindungen mit anderen Karten:
Karten, die rechts neben der *Kreuzkarte* liegen, können als zukünftige Ereignisse gedeutet werden.

Kurzbedeutungen der Madame Lenormand

1 **Reiter**	2 **Klee**	3 **Schiff**	4 **Haus**	5 **Baum**	6 **Wolken**	7 **Schlange**	8 **Sarg**
Kontakt Ge-spräche Nachricht	kleines Glück	kl. Reise andere Stadt Stadtteil	häusl. Bereich Umgebg. Geborgen-heit	mit Sicherheit erleben	Unklar-heiten un-durch-schaubar	ältere Frau Mutter Freundin Ex-Frau Kollegin	Gesund- und Krankheit
9 Blumen	**10 Sense**	**11 Rute**	**12 Vögel**	**13 Kind**	**14 Fuchs**	**15 Bär**	**16 Sterne**
großes Glück Feier Geschenk	plötzliches Ende plötzlicher Neubeginn Durch-setzung	Ärger Verdruss Streit	vorüber-gehende Mühe oder Kummer	Kind junge Frau Freundin Kollegin	clever schlau. Hinterlist Falschheit	älterer Mann Vater Freund Ex-Mann Kollege	Sehnsucht Seele Intuition Tränen
17 Storch	**18 Hund**	**19 Turm**	**20 Garten**	**21 Berg**	**22 Weg**	**23 Ratte**	**24 Herz**
Verän-derung Wandlung Technik	junger Mann Sohn Freund Kollege	Arbeit Schule Aus-bildung	Öffent-lichkeit Menschen	Größe Stärke Hindernis Blockade	neue od. getrennte Wege Entschei-dungen	Verlust Ängste	Liebe Herzlich-keit
25 Ring	**26 Buch**	**27 Brief**	**28 Mann**	**29 Frau**	**30 Lilie**	**31 Sonne**	**32 Mond**
Ehe Verbin-dung Verträge	Geheim-nis Wissen sammeln noch nicht spruchreif	schneller Kontakt, Tel.,Fax, Nachricht, Brief.	Frager oder Partner	Fragerin oder Partnerin	An- und Auf-regung Sex	Erfolg Süden Hitze	Aner-kennung Gefühle Norden
		33 Schlüssel	**34 Fische**	**35 Anker**	**36 Kreuz**		
		Handwerk Arbeit Aktivität Power	Geld Finanzen	Ausland Reise Tiefe Länge	Zukunft Glaube		

* * *

Eine der wichtigsten Voraussetzungen für das Arbeiten mit Ihren Karten ist zunächst einmal Ihre innere Haltung.

* * *

Wer sich unnötig verkrampft und auf Teufel komm raus nach einer passenden Deutung sucht, blockiert sich und sein Gespür nur unnötig selbst.

Wenn Ihnen einmal gar keine passende Erklärung für das Auftauchen einer Karte an einer bestimmten Stelle einfallen mag, so muss das nicht gleich bedeuten, dass Ihr Gespür nicht ausreicht, oder gar, dass Sie kein Talent zum Kartenlegen besitzen.
Vielleicht fällt Ihnen der Sinn dieser Karte ja irgendwann zu einem ganz anderen Zeitpunkt wie Schuppen von den Augen.

Entspannen Sie sich also und setzen Sie sich auf keinen Fall unter Erfolgsdruck.

Bleiben Sie so gelassen und offen für Ihr intuitives Gespür wie möglich.

Auf diese Weise bleiben Sie aufnahmefähig für neue Gedanken und Einfälle und es fällt Ihnen leichter, eine passende und möglichst klare Aussage In den Karten zu erkennen.

Auch hier kann es Ihnen übrigens helfen, sich die Bedeutungen der Karten laut selbst vorzusprechen, oder bei einer schwierigen Interpretation ruhig einmal mit sich selbst zu diskutieren.

Ihr Unterbewusstsein kennt nur die Sprache der Bilder und Symbole

Mischen Sie die Karten gründlich und legen Sie diese mit der Bildseite nach unten auf den Tisch.

Ich selbst mische die Karten meist etwa sieben Mal.
An dieser Stelle sagt mir mein Gespür meist, es sei nun genug gemischt und ich könne nunmehr damit beginnen, die Karten auszulegen.

Verteilen Sie die Karten auf dem Tisch mit beiden Händen.
Wenn Sie es wünschen können Sie die Karten selbstverständlich auch fächerartig auslegen.

Nun ziehen Sie zuerst nur eine, später nacheinander zwei und mehr Karten aus dem Stapel und legen diese mit der Bildseite nach oben vor sich auf den Tisch.

Betrachten Sie die gezogenen Karten genau und lassen Sie sie auf sich wirken.
Sprechen Sie auch diesmal wieder die entsprechende Bedeutung laut vor sich hin.

Tipp:
Überstürzen Sie nichts.
Auch wenn Ihnen das Interpretieren an diesem Punkt noch nicht leicht und flüssig von der Hand gehen mag, so sollten Sie sich doch zunächst lediglich auf zwei Karten konzentrieren.
Auf diese Weise trainieren Sie Ihren Blick für Zusammenhänge und kommen später viel schneller voran.
Wie in fast allen Fällen spreche ich auch hier aus eigener Erfahrung.

Auch ich war einmal Anfängerin auf dem Gebiet des Kartenlegens und kann eventuelle anfängliche Schwierigkeiten daher gut nachvollziehen.

Übrigens:
Während der folgenden Übungen hat es sich bewährt, die vorangehende Übersicht mit den Kurzbedeutungen der Karten offen vor sich auf den Tisch zu legen.

Auf diese Weise können Sie immer wieder einmal einen schnellen Blick darauf werfen, und so nachprüfen, ob Sie sich die Bedeutungen auch richtig gemerkt haben.

Zu Beginn mag es natürlich noch ein wenig schwierig sein, sich so viele Bedeutungen gleichzeitig zu merken, doch trösten Sie sich: Wie in den meisten Fällen macht auch hier lediglich Übung den Meister.

Ihre Notizen zu diesem Kapitel

☞ Mit welchen Karten hatte ich Schwierigkeiten?

....

....

....

....

....

....

....

....

....

....

Brittas Tipp: ☞

Schreiben Sie sich die wichtigsten Bedeutungen der Karten kurz heraus und werfen Sie immer wieder einmal einen Blick darauf. Notieren Sie schwierige Karten auf Klebezetteln und hängen Sie sich diese an den Kühlschrank oder an den Badezimmerspiegel.

Das Ziehen einer Tageskarte

Dieses Lehrwerk hat es sich zur Aufgabe gemacht, Ihnen die Grundsätze und Regeln im Umgang mit Ihren Karten auf einfache und übersichtliche Weise zu vermitteln.

Gleichzeitig stellen wir uns hier gemeinsam der Herausforderung, Ihr Unterbewusstsein und Ihre innere Stimme zu aktivieren, ohne die ein freier und gelöster Umgang mit Ihren Karten nicht möglich ist.

Diesen, bei Kindern noch relativ ausgeprägten, Kontakt zu unserem Unterbewusstsein haben wir auf unserem Lebensweg zumeist weitgehend verloren.

Sie können ihn jedoch auf spielerische Weise wieder aktivieren und festigen.

Mit Hilfe einer Tageskarte

Dies machen Sie am besten morgens, indem Sie sich in aller Ruhe, ohne Störungen, auf den beginnenden Tag einstellen.

Nehmen Sie sich ein paar Minuten Zeit, setzen Sie sich in einen bequemen Stuhl und atmen Sie ein paar Mal tief durch.

Anschließend mischen Sie die Karten und ziehen eine Karte mit der linken Hand.
Mittlerweile haben Sie die Bedeutungen der einzelnen Karten ja kennen gelernt und sicher teilweise auch schon verinnerlicht.

Nehmen Sie die Kartenaufstellungen auch bei dieser Übung wieder zur Hand, oder legen Sie die Seite mit den Kurzbedeutungen vor sich auf den Tisch.

Sehen Sie sich die gezogene Karte in jeder Einzelheit genau an. Beschreiben Sie die Karte.

- *Wie fühlen Sie sich?*
- *Welche Eindrücke hinterlässt die Karte bei Ihnen?*

Schreiben Sie Ihre Gefühle und Ihre Interpretation der gezogenen Karte in ein paar Sätzen nieder und bewahren Sie das Geschriebene auf.

Bleiben Sie dabei offen und ehrlich zu sich selbst.
Abends sollten Sie dieselbe Karte erneut betrachten und auch Ihre Notizen vom Morgen noch einmal zur Hand nehmen, um zu sehen, ob und inwieweit die Aussage der gezogenen Karte mit Ihren erlebten Ereignissen des Tages übereinstimmt.

Wenn Sie möchten, können Sie dies nun noch einmal zu Papier bringen.

So erstellen Sie eine Art

Thema des Tages,

das im Laufe der Zeit beinahe so etwas wie eine Tagebuchfunktion für Sie übernehmen kann.
Sie werden feststellen, dass das gezogene Thema in Ihrem Tagesablauf zwar auftauchen und eine Rolle spielen wird, jedoch werden Bedeutung und Größe der Rolle schwanken.

Es muss sich also nicht immer um das vordergründig wichtigste Thema des Tages handeln.

Trotz allem lohnt es sich immer wieder, eine Tageskarte zu ziehen und sich Gedanken über die Karte und die damit verbundenen Aspekte zu machen.

Nicht selten werden Sie die Erfahrung machen, dass ein Tagesthema, das zunächst kaum in Erscheinung zu treten scheint, sich im Laufe der Zeit trotz allem als wichtiges Element in Ihrem Leben herauskristallisiert.

Zudem handelt es sich beim Ziehen und Interpretieren der Tageskarte um eine der besten und kurzweiligsten Übungen, um die Bedeutungen der Karten zu verinnerlichen.

Für Ihre Notizen:

Tageskarte am .... Nr. ....

Was sagt sie mir morgens:

....

Fand im Laufe des Tages eine Übereinstimmung statt?

....

Tipp:
Ziehen Sie Ihre ***Tageskarte*** an 8 aufeinander folgenden Tagen. Sehen Sie sich die Karte ein paar Mal am Tage an und notieren Sie, was die Karte Ihnen sagt.

Tageskarte am..................Nr. ....

Was sagt sie mir morgens?

....

Was sagt sie mir am Mittag?

....

Was sagt sie mir am Abend?

....

Gab es im Laufe des Tages eine Übereinstimmung?

....

Machen Sie diese Übung täglich!

Sie werden merken, wie Ihnen das Sehen und Interpretieren der Karten von Tag zu Tag immer leichter fällt.
Haben Sie diese Übung erst einmal ein paar Tage lang durchgeführt, so haben Sie sich ausgiebig mit den Bedeutungen der einzelnen Karten vertraut gemacht, so dass sie Ihnen längst nicht mehr so fremd und undurchschaubar vorkommen werden.

Sie werden staunen, wie schnell Sie die Karten erkennen und interpretieren lernen.

Ihre Notizen zu diesem Kapitel

Was habe ich in diesem Kapitel gelernt?

....

....

Mit welchen Karten hatte ich noch Schwierigkeiten?

....

....

Auf welcher Seite sollte ich nochmals nachlesen?

....

....

Welche Karten sollte ich mir gesondert notieren?

....

....

Brittas Tipp:

Sollten Sie zu Anfang noch Schwierigkeiten haben, bestimmte Karten auf Ihr tägliches Umfeld zu beziehen, so empfehle ich Ihnen das Buch **„Interpretationshilfe“**, sowie das begleitende **Übungsbuch** zum großen Selbstlernkurs.

Karten verstehen und deuten lernen

An dieser Stelle möchte ich Ihnen die wichtigsten Punkte beim Erlernen des Kartenlegens anhand einer kurzen Zusammenfassung übermitteln:

1. ***Das Erkennen der Bedeutung der einzelnen Karten:***
   Nehmen Sie die Bedeutung jeder einzelnen Karte gut in sich auf und lassen Sie diese in Ruhe auf sich wirken. Erkennen Sie Zusammenhänge zwischen den Karten und ordnen Sie diese in den Gesamtzusammenhang ein.

2. ***Das Erlernen des richtigen „Sehens“ und das Erkennen von Themen im Kartenbild:***
   Dies ist die vielleicht schwierigste Hürde auf Ihrem Weg zum Kartenleger.
   Deshalb gehen wir hier langsam, gemeinsam und Schritt für Schritt vor.

3. ***Das Vertrauen in Ihre Intuition zurück zu gewinnen:***
   Eines der wichtigsten Kriterien beim Kartenlegen besteht darin, den Bezug zu seinem Unterbewusstsein zurück zu erlangen.

   Zu Anfang mag das für so manchen noch recht schwierig sein, doch unsere Intuition haben wir alle von Natur aus mitbekommen.
   In unserer heutigen schnelllebigen Zeit haben wir Menschen den Kontakt zu unserer inneren Stimme jedoch häufig verloren!

Vernunft und Berechnung kommen auch in Situationen zum Einsatz, in denen uns unser Bauchgefühl zu einer ganz anderen Entscheidung rät.
Und nicht selten stellt sich am Ende unser erstes Gefühl als das richtige heraus.

4. ***Das Interpretieren:***
   Üben Sie täglich etwa 15 Minuten lang spielerisch den Umgang mit Ihren Karten!

Zur Erinnerung:
Der Umgang mit den Karten

Die einfachste und effektivste Methode besteht meiner Erfahrung nach darin, die Karten gründlich zu mischen und daraufhin fächerartig mit der Bildseite nach unten vor sich auf dem Tisch auszubreiten.

Nun suchen Sie sich eine Karte aus dem Stapel und drehen diese um.

Mit Hilfe der Aufstellung über die Bedeutungen der einzelnen Karten im folgenden Kapitel sprechen Sie die Bedeutung der jeweils gezogenen Karte laut vor sich hin.

Nach ein paar Tagen können Sie dann bereits versuchen, sich die Bedeutungen der Karten auswendig zu merken.

Machen Sie sich jedoch keine unnötigen Gedanken, wenn Ihnen dies nicht auf Anhieb gelingen mag.

Es geht nicht darum, die Bedeutung möglichst schnell zu erlernen, sondern vielmehr darum, diese gut in sich aufzunehmen, zu verstehen und zu verinnerlichen.
Nehmen Sie Ihre Karten regelmäßig zur Hand und beschränken Sie sich jeweils auf eine kurze Übungseinheit.

Auch wenn es verlockend erscheinen mag, möglichst viel auf einmal zu lernen, sollten Sie sich zu Beginn Ihrer Tätigkeit auf keinen Fall zu viel vornehmen.

Andernfalls speichern Sie die Bedeutungen der Karten lediglich in Ihrem Kurzzeitgedächtnis ab und können sich schon bald nicht mehr an bereits Gelerntes erinnern.

Es empfiehlt sich daher, lieber öfter mit ein und derselben Karte zu üben, ehe Sie sich eine weitere Karte oder gar das nächste Kapitel vornehmen.

Ebenfalls sollten Sie auch später, wenn Sie sich bereits sicherer fühlen, diese einfache Übung immer wieder einmal durchführen. Auf diese Weise festigen Sie Ihr Basiswissen ganz enorm.

Beispiel 1:
Sie ziehen die Karte Nr. 31 Sonne:

Sie sagen: Die Karte „Sonne“ bedeutet „Erfolg“.

Tipp:
Schaffen Sie sich eine Art Eselsbrücke, indem Sie sich die Bedeutung der einzelnen Karten möglichst bildhaft vorstellen.

Denken Sie beispielsweise bei der Sonnenkarte an das helle, strahlende Sonnenlicht, das Sie wärmt, oder stellen Sie sich vor, wie Sie nach getaner Arbeit in der warmen Sonne sitzen und Ihren Erfolg genießen.

So wird Ihnen die Verbindung **„Sonne = Erfolg“** leichter im Gedächtnis bleiben.
Vielleicht können Sie sich an dieser Stelle auch bereits Gedanken darüber machen, weshalb Sie wohl ausgerechnet diese Karte aus dem Stapel gezogen haben.

- *Besteht ein Bezug dieser Karte zu Ihrem Leben?*

Wen Sie möchten, betrachten Sie diese Karte auch, genau wie bereits die Tageskarte, als Anregung für den kommenden Tag.

Beispiel 2:
Sie ziehen die Karte Nr. 19 Turm*:*

Sie sagen: Diese Karte bezieht sich auf meine Arbeit.

- *Es geht um meinen Arbeitsbereich*

Tipp:
Stellen Sie sich vor, Sie arbeiten in einem Schloss mit vielen hohen Türmen.

Übrigens:
Unsere Stimmung und damit auch unser Interpretationsvermögen sind nicht an jedem Tag gleich gut ausgeprägt.
An manchen Tagen fühlen wir uns wie zerschlagen und schaffen es weniger gut, uns auf unsere Karten zu konzentrieren.

Akzeptieren Sie, wenn Sie Ihre Karten an manchen Tagen nicht so gut interpretieren können wie sonst.
Dies ist ganz normal und kommt bei den besten Kartenlegern vor.
Lassen Sie sich jedoch durch derartige Erfahrungen auf keinen Fall entmutigen oder gar dazu verleiten, die Flinte vorschnell ins Korn zu werfen.

Üben Sie trotzdem täglich weiter!

Beispiel 3:
Sie ziehen die Karte Nr. 4 Haus:

Sie sagen: Diese Karte bezieht sich auf mein Zuhause.

- *Es geht um meinen privaten häuslichen Bereich.*

Auch an dieser Stelle könnten Sie sich wieder Gedanken über einen möglichen Bezug zu Ihrer derzeitigen Lebenslage machen.

- *Welche Gefühle hegen Sie derzeit Ihrem Heim oder Ihrer Heimat gegenüber?*
- *Denken Sie oft an Ihr Zuhause?*
- *Sehnen Sie sich nach mehr häuslicher Geborgenheit?*

In den folgenden Kapiteln möchte ich Ihnen nun das Lesen und Interpretieren der Karten auf eine einfache und anschauliche Weise vermitteln.

Daher werde ich auch immer wieder bildliche Darstellungen verwenden, die Ihnen das Nachvollziehen der jeweiligen Situation erleichtern sollen.

Ihre Notizen zu diesem Kapitel

Was habe ich in diesem Kapitel gelernt?

....

....

Mit welchen Karten hatte ich noch Schwierigkeiten?

....

....

Wo kann ich mehr über diese Karten erfahren?

....

....

Welche Eselsbrücken kann ich mir notieren, um die Karten besser im Gedächtnis zu behalten?

....

....

Brittas Tipp:

Übungen und Interpretationshilfen zu diesem Kapitel finden Sie im begleitenden **Übungsbuch**.

Zwei Karten miteinander verbinden

Das Verbinden der unterschiedlichen Karten zu einer sinnvollen Gesamtbedeutung ist der wichtigste Schritt auf dem Weg zu einer erfolgreichen Kartenlegung.

Die einzelnen Bedeutungen der Karten in einem Kartenbild aneinanderzureihen reicht für eine sinnvolle Interpretation hingegen leider nicht aus.

Behalten Sie daher stets das eigentliche Thema im Hinterkopf und versuchen Sie, mit diesem Wissen, einen sinngerechten und tauglichen Zusammenhang zu finden.

Die Übungen in diesem Kapitel werden Ihnen einen klaren und einfachen Leitfaden zum Erreichen dieses ersten Ziels mit auf den Weg geben.

Mischen Sie die Karten sorgfältig und legen Sie diese dann mit der Bildseite nach unten auf den Tisch.

Verteilen Sie die Karten mit beiden Händen.
Natürlich können Sie die Karten auch fächerartig auslegen.

Üben Sie zu Beginn bitte immer nur mit zwei Karten
So kommen Sie viel schneller voran.
Ich spreche hier aus eigener Erfahrung.

Ziehen Sie nun eine Karte mit Ihrer linken Hand.
Betrachten Sie die Karte genau und sagen Sie ihre Bedeutung auch diesmal wieder laut vor sich hin.

Sollten Sie die genaue Bedeutung einer Karte vergessen haben, so lesen Sie einfach nochmals in der Aufstellung nach.

Am Anfang ist es natürlich noch ein wenig schwierig, sich alle Bedeutungen zu merken.
Machen Sie sich diesbezüglich also keine Sorgen.

Tipp:
Das Interpretieren wird Ihnen leichter von der Hand gehen, wenn Sie von vorne herein auf die verschiedenen **Personenkarten** achten.
(Im Folgenden werden diese Karten abgekürzt **PK** genannt.)

Beispiel 1:

Sie haben die Karte Nr. 25 Ring

- *Ehe oder Partnerschaft* - gezogen.

Machen Sie sich zunächst klar, was genau Sie über dieses Thema wissen möchten.

So könnten Sie beispielsweise fragen:

- *Was will mir diese Karte über meine Partnerschaft sagen?*
- *Wie ist es augenblicklich um meine Partnerschaft bestellt?*

Ziehen Sie nun noch eine weitere Karte.
In unserem Beispiel ist das nun also die Nr. 2 Klee - kleines Glück -.

Nun **verbinden** wir diese beiden Karten!

Nr. 25 Ring + Nr. 2 Klee

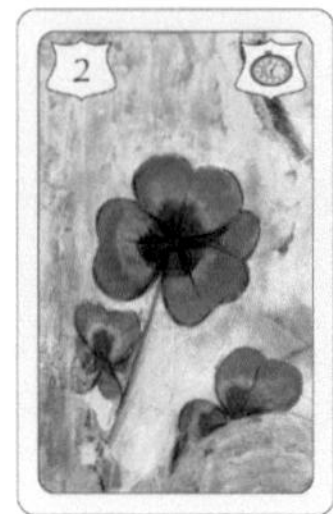

Ehe oder Partnerschaft kleines Glück

- *Diese Ehe oder Partnerschaft ist glücklich.*

Eine neue Übung:

Legen Sie die Karten wieder zu den übrigen Karten des Decks zurück.

Mischen und verteilen Sie die Karten neu und ziehen Sie erneut zunächst eine und danach eine weitere Karte.
Ziehen Sie bitte immer mit der linken Hand, da Ihre linke Seite Ihre intuitive Seite ist.

Ihre linke Gehirnhälfte ist für das Verarbeiten von Emotionen zuständig, und auch Ihr Herz befindet sich links.

Nehmen wir also an, Sie hätten die Karte
Nr. 22 Wege - neue Wege - gezogen und die zweite Karte sei die
Nr. 9 Blumenstrauß - großes Glück -.

Nr. 22 Wege + Nr. 9 Blumenstrauß

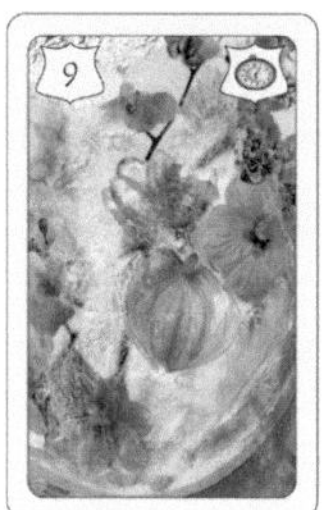

neue Wege großes Glück

➢ *Sie gehen neue Wege. Diese Wege bringen Ihnen Glück.*

Die Karten sprechen uns in diesem Fall also Mut zu, ruhig einmal etwas Neues zu versuchen!

Übung 3:

Nehmen wir an, Sie hätten die Karte
Nr. 22 Wege - neue Wege - gezogen und die zweite Karte sei die *Nr. 23 Ratte* - Angst oder Verluste -.

Nr. 22 Wege + Nr. 23 Ratte

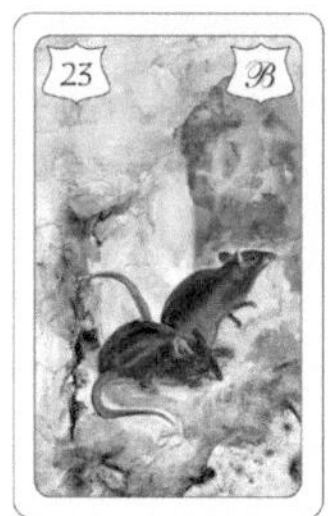

neue Wege Angst oder Verluste

➢ *Neue Wege bereiten Ihnen Angst. Eventuell drohen Ihnen durch diese neuen Wagnisse auch Verluste.*

Bemerkung:
Bitte beachten Sie den Unterschied in der Formulierung.

Die Reihenfolge, in der die Karten liegen, muss in jedem Fall bei der Interpretation beachtet werden!
Bei einigen Karten wird das dem Sinn nach kaum einen Unterschied ausmachen, jedoch gibt es Verbindungen, die sich durch eine veränderte Reihenfolge erheblich ändern könnten.

Ein Beispiel für eine solche Verbindung möchte ich Ihnen im Folgenden vorstellen:

Beispiel:

Nr. 2 Klee

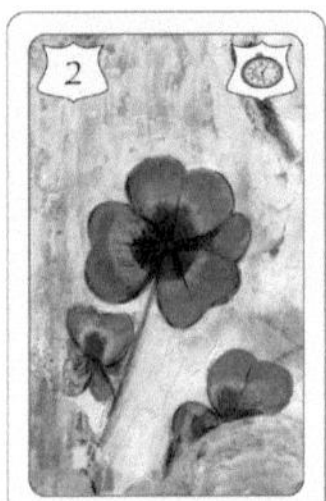

Glück

Nr. 23 Ratte

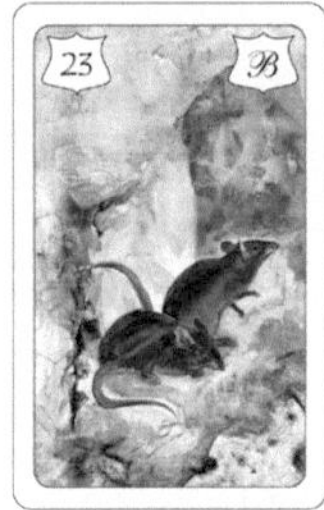

Verluste

Das Glück geht verloren.
(Zunächst Glück,
dann Verlust)

Nr. 23 Ratte

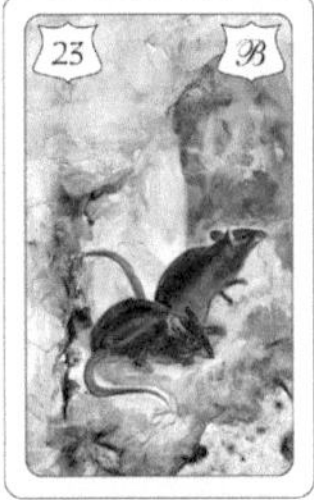

Verluste

Nr. 2 Klee

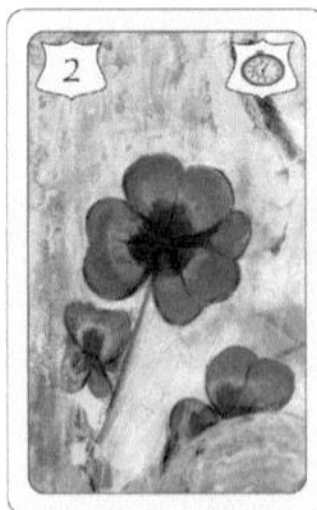

Glück

Die Verluste gehen
glücklicherweise vorüber.
(Zunächst Verlust,
dann wieder Glück)

Weitere Übungen:

Verbinden Sie bei diesen Übungen jeweils die zwei abgebildeten Karten in der richtigen Reihenfolge miteinander und deuten diese dann mit Ihren eigenen Worten.

Nr. 25 Ring Partnerschaft	+	***Nr. 12 Vögel** kleiner Kummer oder Mühen (auch: bemühen)

....

Nr. 11 Rute Ärger/ Streit	+	**Nr.10 Sense**** plötzliches Ende

....

* Welche der Aussagen treffender ist, erkennen Sie im großen Kartenbild aus dem Gesamtzusammenhang, sowie durch Ihre Intuition.

** Liegt die Sensenkarte zu Beginn einer Kartenreihe, so bedeutet sie „plötzlicher Beginn“.
Endet die Kartenreihe jedoch mit dieser Karte, so bedeutet sie „plötzliches Ende“.

> *Brittas Tipp:*
>
> Weitere Übungen zu dieser Thematik finden Sie im begleitenden **Übungsbuch.**

Meine Lösungsvorschläge

in meinen Worten als mögliche Deutung

Nr. 25 Ring + *Nr. 12 Vögel

- *In der Partnerschaft gibt es ein wenig Kummer.*

Oder

- *Man sollte sich stärker um die Partnerschaft bemühen.*

Nr. 11 Rute + Nr.10 Sense

- *Der Streit wird mit einem Mal beendet.*

Bis jetzt haben wir nur zwei Karten miteinander verbunden und somit lediglich die augenblickliche Lage geklärt.
Daher können wir im Moment auch noch nicht nach den tiefer liegenden Gründen einer Situation forschen.

Da die Ursachen für jetzige Zustände stets in der Vergangenheit zu suchen sind, können wir sie also nur mit Hilfe eines größeren Kartenbildes ergründen.

Dies werden wir im weiteren Verlauf dieses Kurses selbstverständlich ebenfalls erlernen.
Machen Sie sich diesbezüglich also keine Sorgen!

Tipp:
Vergessen Sie nie: Eine solide Basis ist das wichtigste Gut beim Kartenlegen.

Wichtig am Anfang:
Notieren Sie alle Erfahrungen, die Sie gemacht haben, sowie sämtliche Fragen oder Schwierigkeiten, die Sie im Moment haben.

Sie werden sehen:
Sollten Sie zu Beginn noch Schwierigkeiten im Umgang mit der einen oder anderen Karte haben, so wird sich im Verlauf der Arbeit mit den Karten zeigen, dass sich sämtliche Probleme dieser Art im Laufe der Zeit auflösen werden.

Während Sie immer tiefer in die Welt des Kartenlesens eintauchen, wird Ihr Gespür für Bedeutungen und Interpretationen immer weiter gefestigt werden.

Ehe Sie weitermachen und sich das nächste Kapitel vornehmen, sollten Sie in der Lage sein, 2 Karten problemlos miteinander verbinden zu können.

Ihre Notizen zu diesem Kapitel

☝ Was habe ich in diesem Kapitel gelernt?

....

....

☞ Mit welchen Karten hatte ich noch Schwierigkeiten?

....

....

📖 In welchem Kapitel sollte ich nochmals nachlesen?

....

....

✎ Welche Übungen sollte ich nochmals schriftlich machen?

....

....

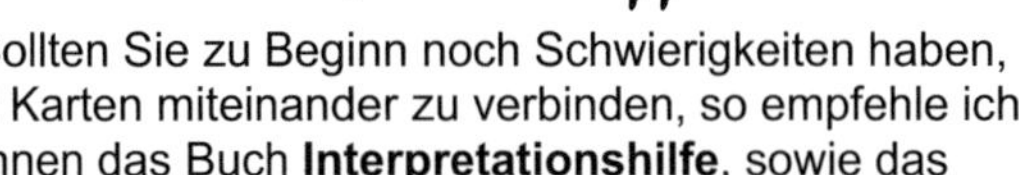

Sollten Sie zu Beginn noch Schwierigkeiten haben, 2 Karten miteinander zu verbinden, so empfehle ich Ihnen das Buch **Interpretationshilfe**, sowie das begleitende **Übungsbuch** zum großen Selbstlernkurs.

Das Verbinden mehrerer Karten

Bis jetzt haben Sie das Verbinden von 2 Karten kennen gelernt. Dies kann für die schnelle Erörterung einer Situation zwar zunächst einmal durchaus ausreichen, in der Regel haben Sie jedoch nicht nur eine oder zwei Karte zu deuten, sondern ein ganzes Kartenbild mit allen 36 Karten. Ein so genanntes ***Tableau***.

Nicht nur 2, sondern 36 Karten müssen also in Ihrer Gesamtheit gesehen und gedeutet werden.

Machen Sie sich jedoch keine unnötigen Sorgen:
Es handelt sich auch bei einem großen Kartenbild <u>nicht</u> um ein heilloses Durcheinander von Karten und Bedeutungen.
Die Karten stehen immer nebeneinander, untereinander und miteinander in Verbindung

Wenn Sie sich an das vorgegebene System halten, haben Sie auch bei der Deutung dieser Vielzahl an Karten nichts zu befürchten.

Tatsächlich ist die Lesemethode bei einem großen Kartenbild im Grunde dieselbe, wie bei den vorhergehenden Verbindungen.
Auch hier verbinden Sie die einzelnen Bedeutungen der unterschiedlichen Karten miteinander und versuchen so, eine sinnvolle Gesamtdeutung zu erstellen.

Gehen Sie auch hierbei stets Schritt für Schritt vor und verbinden Sie die Karten in der Reihenfolge, in der sie in der jeweiligen Kartenreihe erscheinen.

Das Interpretieren ist das A und O
des Kartenlesens.

Zur Erinnerung:

- Nehmen Sie sich bitte Zeit zum Lernen.
  Wählen Sie eine ruhige und freundliche Umgebung mit einer angenehmen Atmosphäre, in der Sie ungestört arbeiten können.

  Nur so finden Sie die nötige Ruhe und Konzentration.

- Bitte gehen Sie beim Lernen Schritt für Schritt vor und überspringen Sie keine Kapitel oder Übungen, selbst wenn sie Ihnen auf den ersten Blick einfach oder überflüssig erscheinen mögen.

- Üben Sie täglich das **Verbinden** und das **Interpretieren** mit zwei oder mehr Karten, selbst wenn Sie nur wenige Minuten dafür erübrigen können.

- Lassen Sie Ihrer **Intuition** freien Lauf. Seien Sie offen.
  Auch, wenn Ihnen eine Karte einmal nichts sagen möchte.

- Notieren Sie Fragen oder Ungereimtheiten, so dass Sie sich zu einem späteren Zeitpunkt erneut damit auseinander setzen können.

  Oft ist Ihnen das Thema bis dahin längst klar geworden.

- Sehen Sie zur **Kontrolle** immer wieder in der Aufstellung der Karten zu Beginn dieses Buches nach und überprüfen Sie, ob Sie die Karten auch alle richtig gedeutet haben.

Diesmal werden wir jedoch einen Schritt tiefer gehen und die Frage nach dem weiteren Verlauf der Ereignisse stellen.

Beispiele:

Auch diesmal verteilen Sie die Karten wieder mit der Bildseite nach unten auf dem Tisch.

Ziehen Sie nun wieder eine Karte.
In unserem Beispiel handelt es sich um die Karte

Nr. 4 Haus

häuslicher Bereich.

Jetzt können Sie weiterfragen:

- *Was ist mit meinem Zuhause los?*

Zur Beantwortung dieser Frage ziehen Sie die nächste Karte.
In diesem Beispiel die Nr.1 Reiter.

So ergibt sich folgende Konstellation:

Nr. 4 Haus  Nr. 1 Reiter

häuslicher Bereich Gespräche

Nun verbinden wir die einzelnen Bedeutungen dieser zwei Karten zu einer sinnvollen Aussage:

- *Zuhause werden Gespräche geführt.*

Nun möchten Sie wissen, wie die Gespräche verlaufen werden. Sie konzentrieren sich also und formulieren z.B. folgende Frage:

- *Wie gehen diese Gespräche aus?*

Daraufhin ziehen Sie erneut eine Karte.
Diesmal ist es die Nr. 31 Sonne.

Jetzt liegen die drei Karten in der Reihenfolge, in der sie gezogen wurden, nebeneinander:

Nr. 4 Haus + Nr. 1 Reiter + Nr. 31 Sonne

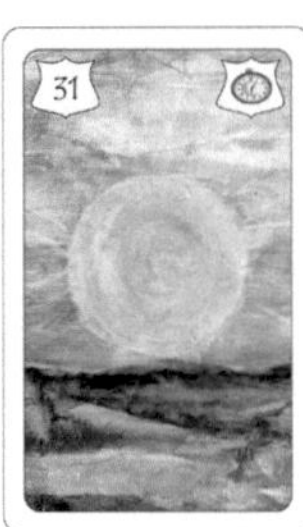

Häuslicher Bereich Gespräche Erfolg

➢ *Zuhause werden die Gespräche erfolgreich verlaufen.*

Weiteres Beispiel:

Nr. 29 Frau + **Nr. 17 Storch**
Personenkarte Veränderung

➢ *Diese Frau möchte sich verändern.*

Oder

➢ *Diese Frau verändert sich.*

Ziehen Sie nun erneut eine Karte.
Diesmal handelt es sich um die Karte Nr. 2 Klee - kleines Glück -.

Nr. 29 Frau + **Nr. 17 Storch** + **Nr. 2 Klee**
Personenkarte Veränderung kleines Glück

➢ *Diese Frau verändert sich zu ihrem Vorteil.*

→ *Wir können hier also von einer vorteilhaften Veränderung sprechen, da die Karte Nr. 2 Klee eine positive Botschaft beinhaltet.*

Übungsaufgabe:

***Nr. 23 Ratte** +	***Nr. 8 Sarg** +	**Nr. 2 Klee**
Magen / Darm	Krankheit	kl. Glück

……………………………………………………………………………

Nr. 23 Ratte / Nr. 8 Sarg
Bei diesen beiden Karten handelt es sich um so genannte **Negativ-Karten**.

Die Karten **Ratte** und **Sarg** können unter anderem auch auf Krankheiten hinweisen.

Brittas Tipp: ☞

Stehen diese Karten direkt nebeneinander, so bedeuten sie in der Kombination auch, dass hier eine Magen-Darmerkrankung vorliegen könnte.

Negativ-Karten, sowie Kombinationen, die auf mögliche Erkrankungen hinweisen könnten, werden Sie im Verlauf dieses Kurses kennen lernen.

Meine Lösungsvorschläge

in meinen Worten als mögliche Deutung

Tipp:
Liegt die **Kleekarte** nach Karten, die auf eine unangenehme Situation hinweisen, so könnten Sie sagen:
Es wird alles wieder gut werden.

Nr. 23 Ratte + Nr. 8 Sarg + Nr. 2 Klee

- *Man bekommt oder hat eine Magen- Darmerkrankung, die aber glücklicherweise wieder gut ausgeht.*

Brittas Tipp:

Weitere Übungen finden Sie im **Übungsbuch**.

Ihre Notizen zu diesem Kapitel

Was habe ich in diesem Kapitel gelernt?

....

....

Mit welchen Karten hatte ich noch Schwierigkeiten?

....

....

Wo kann ich mehr über bestimmte Konstellationen oder Kombinationen erfahren?

....

....

Brittas Tipp:

Möchten Sie noch mehr über eine Situation erfahren, so versuchen Sie einmal, eine weitere Frage zu stellen und eine vierte Karte zur Beantwortung zu ziehen.

Sieben besondere Karten, die mehrere Bedeutungen beinhalten

Sicherlich ist Ihnen aufgefallen, dass manche Karten von mir ein wenig anders gedeutet wurden, als in der Aufstellung zu Beginn dieses Bandes erwähnt.
Auch auf die Existenz von Negativ- und Krankheitskarten habe ich Sie bereits aufmerksam gemacht.
In diesem Kapitel wollen wir uns nun diesen außergewöhnlichen Karten widmen.
Gerade die Karten **Schlüssel, Vögel, Wolken, Buch, Ratte, Sense** und **Wege** stellen uns zuweilen vor eine echte Herausforderung, da sie, je nach Zusammenhang, über mehr als nur eine einzige Bedeutung verfügen.

Konkret bedeutet dies für Sie, dass Sie bei diesen Karten verstärkt auf Ihr Unterbewusstsein und Ihre Intuition hören müssen, um die angemessene Bedeutung zu erkennen.
Machen Sie sich jedoch keine Sorgen, wenn Sie sich von der Vielzahl der Kartenbedeutungen zunächst überfordert fühlen.
Deuten Sie die Karten dann einfach in ihrer Grundbedeutung und fahren Sie mit der Interpretation fort.

Einiges wird Ihnen aus dem Zusammenhang heraus ohnehin rasch klar und ersichtlich erscheinen.
Krankheitskarten, insbesondere wenn diese auf konkrete Erkrankungen hinweisen, können Sie zu Beginn vernachlässigen und sich später ganz allmählich an dieses ohnehin recht heikle Thema heranwagen.
Bitte weisen Sie auf Erkrankungen nur dann hin, wenn Sie bereits über die nötige Erfahrung verfügen und sich Ihrer Sache ganz sicher sind, da eine vorschnelle Interpretation in diesem Fall unangenehme Folgen nach sich ziehen könnte.

Karten mit mehreren Bedeutungen

a) Nr.33 Schlüssel

Kraft
Arbeit
Aktivitäten

Diese Karte kann allerdings auch darauf hinweisen, dass eine Handlung **ausgeführt** wird.

Liegt die Karte **Nr. 33 Schlüssel** mit der Karte **Nr. 24 Herz oder** mit der Karte **Nr. 30 Lilie** zusammen in einer Deutungslinie, so bedeutet dies daher

Ausführung der Liebe oder Sexualität.

Beispiel:

Nr. 24 Herz + Nr. 30 Lilie + Nr. 33 Schlüssel

- *Ausführung von Liebe und Sex →Liebesakt*

Tipp:
Erkennen Sie den Unterschied?

Nr. 28 Mann + Nr. 24 Herz + Nr. 7 Schlange

- *Dieser Mann ist in eine reifere Frau verliebt.*

Nr. 28 Mann + Nr. 24 Herz + *Nr. 33 Schlüssel* + Nr. 7 Schlange

- *Dieser Mann hat ein **Verhältnis** mit einer reiferen Frau. (Diese Liebe wird **ausgeführt**!)*

Übungsaufgabe:

Nr. 28 Frau + Nr. 3 Schiff + Nr. 33 Schlüssel

……………………………………………………………..

Mein Lösungsvorschlag

in meinen Worten als mögliche Deutung

Nr. 28 Frau + Nr. 3 Schiff + Nr. 33 Schlüssel

- *Diese Frau wird nicht nur über eine Reise nachdenken, sondern aktiv werden und diese auch antreten.*

Brittas Tipp:

Bitte prägen Sie sich die sieben wichtigen Karten aus diesem Kapitel besonders gut ein!
Vorschnelle Interpretationen dieser Karten, ohne deren zweite Bedeutung ausreichend zu bedenken, können rasch zu Fehldeutungen führen!
Weitere Übungen dazu finden Sie im begleitenden **Übungsbuch**.

b) Nr. 12 Vögel

kleiner Kummer
Probleme
Mühe

Oder:
Man muss sich **be**mühen

In Verbindung mit Karten wie **Ring** (Ehe), **Herz** (Liebe), **Turm** (Arbeit) oder **Fische** (Finanzen) könnten die Vögel nun folgende Bedeutungen aufweisen:

- *Man hat **Probleme oder Kummer** in der Ehe, Liebe, Arbeit, mit den Finanzen… .*

Oder

- ***man muss sich** um die Ehe, Liebe, Arbeit Finanzen bemühen.*

Übungsaufgaben:

***Nr. 7 Schlange + 12 Vögel + 34 Fische**

……………………………………………………………………

**** Nr. 7 Schlange + 34 Fische + 12 Vögel**

……………………………………………………………………

Erkennen Sie den Unterschied zwischen diesen beiden Übungen?

* Diese Frau hat Kummer und bemüht sich um die Finanzen, (Da die Nr. 34 Fische nach der Karte Nr. 12 Vögel liegt, kommt sie durch ihre Bemühungen später auch zu Geld).

**Diese Frau hat zwar im Grunde ausreichend Geld. Jedoch kommen diesbezüglich immer wieder Kummer und Sorgen auf sie zu, obwohl sie sich stetig um Besserung bemüht.

Meine Lösungsvorschläge

in meinen Worten als mögliche Deutung

Nr. 7 Schlange + 12 Vögel + 34 Fische

- *Diese Frau hat Kummer mit den Finanzen.*

Nr. 7 Schlange + 34 Fische + 12 Vögel

- *Diese Frau muss sich ständig um die Finanzen bemühen.*

c) Nr. 6 Wolken

Wie Sie wissen, bedeutet diese Karte

Unklarheiten
undurchsichtig
nicht deutlich erkennbar

Liegt diese Karte **Nr. 6 Wolken** dagegen am Ende (Schluss) einer Deutungslinie (Kartenreihe), so bedeuten die Wolken:

Es löst sich (wieder) auf.

Tipp:
Stellen Sie sich vor, wie sich Wolken am Horizont auflösen und verziehen, so dass sich das Wetter wieder aufklart.

Vergessen Sie dabei allerdings nicht, dass sich auch positive Entwicklungen wieder auflösen können.

Beispiele:

Nr. 12 Vögel + Nr. 6 Wolken
- *Der Kummer löst sich auf.*

Nr. 29 Frau + Nr. 24 Herz + Nr. 28 Mann + Nr. 6 Wolken
- *Die Liebe zwischen diesem Mann und dieser Frau wird sich wieder auflösen.*

Übungsaufgabe:

Nr. 25 Ring + Nr. 6 Wolken + Nr. 1 Reiter + Nr. 11 Rute

....

Mein Lösungsvorschlag
in meinen Worten als mögliche Deutung

Nr. 25 Ring + Nr. 6 Wolken + Nr. 1 Reiter + Nr. 11 Rute

- *In der Partnerschaft gibt es Unklarheiten, die zu Streitgesprächen führen können.*

d) Nr. 26 Buch

Wissen sammeln
Wissen erlernen
Geheimnis haben

Liegt die Karte vor einer anderen Karte, so bedeutet sie

Es ist noch nicht spruchreif (Man kann es noch nicht genauer vorhersagen oder absehen).

Tipp:
Stellen Sie sich vor, dass die zukünftige Entwicklung in einem Buch steht, das augenblicklich noch geschlossen ist.

Beispiel:

Nr. 26 Buch + Nr. 12 Vögel
Man weiß noch nicht, dass Kummer kommen wird.

Übungsaufgabe:

Nr. 18 Hund + Nr. 33 Schlüssel + Nr. 19 Turm + Nr. 26 Buch

....

Mein Lösungsvorschlag

in meinen Worten als mögliche Deutung

Nr. 18 Hund + Nr. 33 Schlüssel + Nr. 19 Turm + Nr. 26 Buch

- *Dieser junge Mann muss sehr aktiv werden, um in der Schule sein Wissen zu steigern.*

e) Nr. 23 Ratte

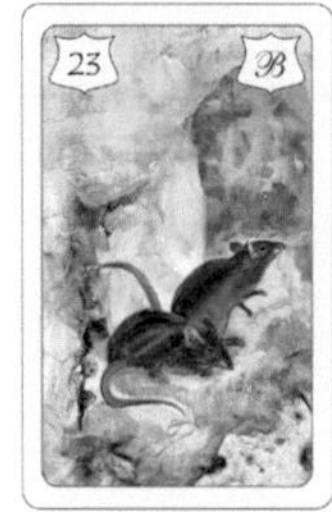

Verlust
Angst
Krankheit

Diese Karte weist also gleich 3 verschiedene Bedeutungen auf.

Tipp:
Ratten nagen an geliebten Gegenständen genauso wie an verdorbenen Lebensmitteln.

Sie übertragen Krankheiten und werden landläufig mit unangenehmen, ruinösen Zuständen in Verbindung gebracht.

Denken Sie an diese Dinge, so dürfte Ihnen die Zuordnung der Karte zu den unerwünschten Zuständen Verlust (angenagt / gefressen), Angst (Verfall) und Krankheit (Ratten als Krankheitsüberträger) nicht schwer fallen.

Wichtig:
Bei dieser Karte sind von Zeit zu Zeit gleich mehrere Interpretationen pro Deutung möglich.

Behalten Sie daher stets den Gesamtzusammenhang im Blick, ehe Sie sich auf eine Deutung (Aussage) festlegen.

Beispiel:

Nr. 23 Ratte + Nr. 24 Herz
- ***Verlust*** *der Liebe.*

Oder
- ***Angst*** *vor der Liebe.*

Merken Sie sich:
Die **Nr. 23 Ratte** ist auch eine **Krankheits-** und eine **Gefahrenkarte** (dazu aber später mehr).

Übungsaufgabe:

Nr. 29 Frau + Nr. 14 Fuchs + Nr. 16 Sterne + Nr. 23 Ratte

....

Mein Lösungsvorschlag
in meinen Worten als mögliche Deutung

Nr. 29 Frau + Nr. 14 Fuchs + Nr. 16 Sterne + Nr. 23 Ratte
- *Diese Frau beschleicht immer wieder eine depressive Phase.*

f) Nr. 10 Sense

plötzliches Ende
plötzlicher Neubeginn
Durchsetzung
Dominant

Auch die **Sensenkarte** kann unterschiedlich gedeutet werden.

Tipp:
Denken Sie an einen plötzlichen schwungvollen Schnitt mit einer Sense. (→ plötzlich, Beginn, Ende)
Auf diese Weise bahnen Sie sich schonungslos Ihren Weg Durch das Gestrüpp. (→ Durchsetzung)

Liegt die Karte **Nr. 10 Sense**

1. Am **Anfang** einer Reihe (1 bis 8) eines Kartenbildes, bedeutet sie: *Plötzlich beginnt ... oder kommt....*
(Was? Siehe die nächste(n) Karte(n) im Kartenbild.)

2. Am **Ende** einer Reihe (1 bis 8) eines Kartenbildes, bedeutet sie: *Plötzlich endet etwas.*
(Was? Siehe die vorhergehende(n) Karte(n) in der Deutungslinie.)

3. In der **Mitte** einer Kartenreihe
Rechts neben einer Personenkarte (PK), bedeutet sie
Diese Person sollte sich durchsetzen.
Oder
Diese Person ist dominant.

Übungsaufgabe:

Nr. 10 Sense + Nr. 24 Herz + Nr. 27 Brief + Nr. 7 Schlange

....

Mein Lösungsvorschlag
in meinen Worten als mögliche Deutung.

Nr. 10 Sense + Nr. 24 Herz + 27 Brief + Nr. 7 Schlange

- *Plötzlich und unerwartet kommt eine Liebesnachricht für diese Dame.*

g) Nr. 22 Wege

Neue Wege
getrennte Wege
Lösung suchen
Entscheidungen treffen

1. Liegt die Karte Nr. 22 am **Anfang einer Reihe** bedeutet dies:
Neue Wege werden beschritten.

2. Liegt die Karte Nr. 22 am **Ende einer Reihe** bedeutet dies:
Man wird sich trennen oder man hat sich getrennt.

3. Liegt die Karte Nr. 22 **direkt nach** einer Themen- oder Personenkarte **(rechts)** bedeutet dies:
Entscheidungen treffen ***oder*** *nach einer Lösung suchen*

Übungsaufgabe:

Nr. 28 Mann + Nr. 22 Wege + Nr. 19 Turm

....

oder

....

Mein Lösungsvorschlag

in meinen Worten als mögliche Deutung

Nr. 28 Mann + Nr. 22 Wege + Nr. 19 Turm

- *Dieser Mann sucht einen neuen Weg bei der Arbeit*

Oder

- *Dieser Mann sucht nach einer Lösung.*
  Er wird eine Entscheidung treffen, die seinen Arbeitsplatz betrifft.
  Eventuell wird er beruflich auch ganz neue Wege einschlagen.

Ihre Notizen zu diesem Kapitel

Was habe ich in diesem Kapitel gelernt?

....

Mit welchen Karten hatte ich Schwierigkeiten?

....

Mit welcher der sieben Karten hatte ich noch Schwierigkeiten bei der Verbindung mit einer anderen Karte?

....

Welche Übungen sollte ich nochmals schriftlich machen?

....

Brittas Tipp:

Sollten Sie noch Schwierigkeiten haben, die unterschiedlichen Bedeutungen dieser sieben Karten auf einen Blick zu erkennen, so nehmen Sie sie einmal ein paar Tage lang aus dem Set heraus und bewahren Sie sie in Ihrer Hand- oder Jackentasche auf.

So können Sie diese Karten bei vielerlei Gelegenheiten (etwa im Stau oder an der Bushaltestelle) immer wieder zur Hand nehmen und ein wenig weiterüben!

Wichtige Kombinationen

Was sind Kombinationen?

Wie Sie aus dem bisher Gelernten wissen, deuten Sie ein Kartenbild normalerweise der Reihe nach Karte für Karte.
Dabei werden die einzelnen Aussagen der jeweiligen Karten zu einer sinnvollen Interpretation zusammengefasst.

- *Zwei, drei, zuweilen auch mehrere Karten können aber auch gemeinsam für eine bestimmte Aussage stehen. Diese Kartenkonstellationen bezeichnet man als Kombinationen.*

Bei der Interpretation der Kombinationen können die Karten sowohl in waagrechter als auch in senkrechter, oder aber in diagonaler Reihenfolge liegen.

Manche Kombinationen, wie das unten stehende Beispiel, können mit etwas Intuition ohne größere Schwierigkeiten erkannt werden.

Andere sind allerdings schon etwas schwieriger zu verstehen. Hier muss manchmal ein wenig „um die Ecke gedacht" werden. Mit Hilfe der Tipps und Übungen dürfte es allerdings keine Probleme geben!

Tipp:
So lernen Sie die Kombinationen im Handumdrehen kennen und verstehen:
Versuchen Sie, die Kombinationen nachzuvollziehen.
Stellen Sie sich die Aussagen und Symbole am besten bildlich vor.
So haben Störche beispielsweise sehr lange Beine.
Krankheitskarten in Verbindung mit der Storchkarte beziehen sich daher auch auf Beine und Venen.

Gesundheits- /Krankheitskombinationen
Wie bereits in den Übungen zu den Negativ-Karten erwähnt, weisen bestimmte Kartenkombinationen auf ganz gewisse Krankheiten und Gebrechen hin.

Diese Zustände werden mit den Karten **Nr. 8 Sarg** und **Nr. 23 Ratte** angezeigt.

Da es sich bei den Krankheitskarten um Kombinationen handelt, können auch diese Karten in **waagrechter, senkrechter** oder **diagonaler** Verbindung zueinander stehen und brauchen **lediglich Kontakt** miteinander zu haben.

Kombinationen sind sehr wichtig!
Bitte lernen Sie diese gut, da sich sonst Abweichungen in der Bedeutung und andere Fehler einschleichen können.

Wichtiger Hinweis:

Bitte lesen Sie diese Lektion gut durch, und **beachten** Sie ganz besonders meine **Bemerkungen** zu diesem Thema.

Wenden Sie die **Krankheitskombinationen** bitte nur an, wenn Sie sich Ihrer Sache vollkommen sicher sind und auch die Kombinationen allesamt quasi im Schlaf beherrschen.

Sollten Sie auch nur die leisesten Zweifel hegen, so vermeiden Sie eine präzisere Aussage und weisen Sie lediglich auf Ihren Verdacht einer angeschlagenen Gesundheit hin.

Haken Sie gegebenenfalls lieber noch einmal nach und fragen Sie Ihre Kundschaft, ob es dort jemals Probleme mit Leber, Galle, Rücken... oder ähnlichen Körperteilen gab, die Sie im Kartenbild zu erkennen glauben. Stimmt man Ihnen zu, könnten Sie anregen, diesen Bereich noch einmal genauer untersuchen zu lassen, da Sie meinen, hier einige Beschwerden zu erkennen.

.

Bedenken Sie bitte:
Selbst Krankenschwestern und –Pfleger mit langjähriger Berufserfahrung dürfen in unserem Land keine medizinischen Diagnosen stellen, da durch eine falsche Vermutung großer Schaden erstehen kann.

Versetzen Sie Ihre Mitmenschen also bitte nicht unnötig in Panik!

Auch **private Probleme** stellen stets einen besonders heiklen Themenbereich dar.
Aussagen hierzu könnten daher rasch als unerwünschte Einmischung verstanden werden.

Respektieren Sie in diesem Fall die Wünsche Ihres Gegenübers und machen Sie keine Aussagen zu einem Thema, über das der Andere nichts hören oder wissen möchte.

Dies könnten etwa Krankheiten in der Familie oder im Freundeskreis betreffen, oder auch Ehe- und Beziehungsprobleme aller Art.

Sargkombinationen / Rattekombinationen → Sarg + Ratte = Gesundheits- und Krankheitskombinationen

Nr. 1 Reiter **Nr. 8 Sarg**	*Kontaktangst* *Halsschmerzen, Bronchien*
Nr. 2 Klee **Nr. 8 Sarg**	 *Einsamkeit, Nerven*
Nr. 3 Schiff **Nr. 8 Sarg**	 *Reiseunverträglichkeit*
Nr. 5 Baum **Nr. 8 Sarg**	Lebensängste *Immunsystem*
Nr. 6 Wolken **Nr. 8 Sarg**	 *Augen, Durchblutung*
Nr. 9 Blumenstrauß **Nr. 8 Sarg**	 *Allergien*

Wichtig:
Liegt nach diesen Kombinationen eine positive Karte z.B. Sonne, Klee, Blumenstrauß usw., so wird alles gut ausgehen und die erkrankte Person wieder genesen.

Nr. 12 Vögel **Nr. 8 Sarg**	*Nebenhöhlen* *Kopfschmerzen*
Nr. 23 Ratte **Nr. 12 Vögel** **Nr. 8 Sarg**	*Sehr starke Kopf-* *schmerzen (Migräne)*
Nr. 12 Vögel **Nr. 23 Ratte**	*Zu viele negative Gedanken* *schlagen auf den Magen*
Nr. 14 Fuchs **Nr. 8 Sarg**	*Chronische Krankheiten*
Nr. 23 Ratte **Nr. 14 Fuchs** **Nr. 8 Sarg**	*Chronische Erkrankungen* *eventuell auch Krebsgefahr* *Magenerkrankungen* *Darmerkrankungen*
Nr. 16 Sterne **Nr. 8 Sarg**	*Depressiv, seelisch, Tränen* ***Achtung**: Suchtgefahr*
Nr. 17 Storch **Nr. 8 Sarg**	*Füße, Beine*
Nr. 21 Berg **Nr. 8 Sarg**	*Man fühlt sich von* *Belastungen geschwächt* *Man sieht sich einem Berg von* *Problemen gegenüber*

Nr. 22 Weg **Nr. 8 Sarg**	*Stress, Überforderung*
Nr. 23 Ratte **Nr. 22 Weg** **Nr. 8 Sarg**	*Angst vor neuen Wegen (Entscheidungen), die krank machen*
Nr. 22 Weg **Nr. 23 Ratte**	*Entscheidungen und neue Wege bringen Verluste und lösen Ängste aus.*
Nr. 23 Ratte **Nr. 8 Sarg**	*Magen- Darmprobleme*
Nr. 24 Herz **Nr. 8 Sarg**	*Herz* *Kreislauf, Blutdruck*
Nr. 25 Ring **Nr. 8 Sarg**	*Nieren, Blase*
Nr. 30 Lilie **Nr. 8 Sarg**	*Unterleib, Prostata, Nerven*
Nr. 31 Sonne **Nr. 8 Sarg**	*Hitzeunverträglichkeit, Wechseljahre*
Nr. 32 Mond **Nr. 8 Sarg**	*Seelische Erkrankungen, Schlafstörungen*

Tipp:
Stellen Sie sich die Krankheiten bildlich vor.
Einige der Krankheitskombinationen werden Ihnen dabei sicherlich leichter fallen, als andere.

So ist beispielsweise die Kombination aus **Herz** und **Sarg** leicht als Herzkrankheit zu erkennen.

Ebenfalls wird es keine Schwierigkeit darstellen, sich zu merken, dass das **Kreuz** in Verbindung mit dem **Sarg** für Rücken- (also für Kreuz-) Schmerzen steht.

Bei den übrigen Kombinationen müssen Sie vielleicht ein wenig kreativer denken.
Versuchen Sie es daher einmal so:

> Lilie → Sexualität
> Lilie + Sarg = Krankheit im Sexualbereich
> → Unterleibserkrankung

oder

> Fuchs → hinterlistiges Tier, schleicht sich an
> Fuchs + Sarg = heimtückische, schleichende Krankheit
> → chronische Krankheit

Ratschlag:
Wenn Sie damit beginnen, die Karten für andere Personen zu legen, sollten Sie sich bedeutend mehr Zeit für Ihre Interpretationen nehmen, da Sie sich zunächst daran gewöhnen müssen, die ganze Zeit über angestrengt und konzentriert bei der Sache zu bleiben.

Lassen Sie sich deshalb ruhig ausreichend Zeit und sehen Sie lieber in allen Deutungslinien noch einmal nach, ehe Sie eine Aussage machen.

Dies wird mit Sicherheit nicht als Ungeübtheit oder Langsamkeit gleichgesetzt werden, vielmehr werden Ihnen Ihre Kunden Ihre Genauigkeit und Präzision hoch anrechnen.

Sie werden sehen, mit der Zeit wird sich ihr Tempo auch in diesem Bereich beschleunigen.

Ein Tipp aus der Praxis:
Stellen Sie sicher, dass Sie in etwa doppelt so viel Zeit zur Verfügung haben, wie Sie zu brauchen glauben.

So kann nichts schief gehen, selbst wenn Sie einmal durch eine Unterbrechung aus der Konzentration gerissen und abgelenkt werden sollten.

Ein solides Grundwissen, eine gut geschulte Interpretations-Fähigkeit und ausreichend Zeit sind die drei Grundbausteine, die Ihr Kapital als Kartenleger/in ausmachen.

Wichtig:
Seien Sie sich Ihrer Verantwortung beim Kartenlegen bitte zu jeder Zeit und jedem Kunden gegenüber bewusst.

Schließlich treffen Sie eine Aussage, die Menschen dazu veranlassen kann und sollte, ihr Leben und ihre Handlungsweisen entsprechend zu verändern.

Nennen Sie daher unangenehme Entwicklungen nur mit viel Fingerspitzengefühl und

Erwähnen Sie bitte niemals einen Todesfall, wenn Sie glauben, ein derartiges Unglück in den Karten zu erkennen.

Ich selbst vertrete die Meinung, dass man andere Personen mit Krankheiten oder gar dem Tode nicht in Angst versetzen soll.

Erwähnen Sie daher auch andere schwere Schicksalsschläge niemals direkt.

Denken Sie an die Gefühle Ihrer Mitmenschen und umschreiben Sie diese Probleme lieber vorsichtig.
Bleiben Sie dabei aber trotzdem ehrlich.

Weitere Kombinationen:

In Lehrbuch II (Aufbaukurs) möchte ich Ihnen noch eine Reihe weiterer interessanter und wichtiger Kombinationen vorstellen, die Sie sich ebenfalls gut einprägen sollten.
Dazu zählen beispielsweise Kombinationen mit der Turmkarte.
Diese Kombinationen beziehen sich allesamt auf das Thema „Arbeit" und stellen beispielsweise verschiedene Berufs- oder Tätigkeitsfelder dar.

Betrachten Sie die jeweiligen Deutungslinien bitte stets genau und versichern Sie sich, dass keine der wichtigen Kombinationen übersehen werden.

So erhalten Sie eine klare und ausführliche Aussage aus Ihrem Kartenbild.

Testen Sie sich selbst

1.

Welche der folgenden Aussagen sind zutreffend?

1. Dieser Mann ist dominant.
2. Dieser Mann möchte etwas beenden.
3. Dieser Mann möchte aufs Feld gehen.
4. Bei diesem Mann handelt es sich um einen Landwirt.
5. Dieser Mann ist streitsüchtig.
6. Die Person hat Kummer.
7. Es handelt sich um einen aggressiven Charakter

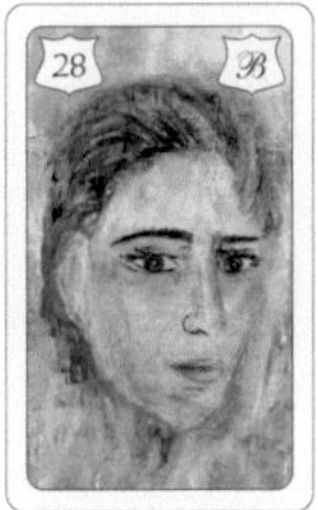

2.

1. Bitte interpretieren Sie die folgende Kartenreihe!
2. Ändert sich die Interpretation, wenn die gesamte Kartenreihe mit der Wolkenkarte abschließt?

3.

Frage: Welche der folgenden Aussagen trifft <u>nicht</u> zu?

1. Angst vor der Liebe.
2. Nach Enttäuschung kommt die Liebe wieder.
3. Man verliert eine Liebe
4. Herz, Kreislauf, Blutdruck.
5. Es handelt sich um eine Kombination.

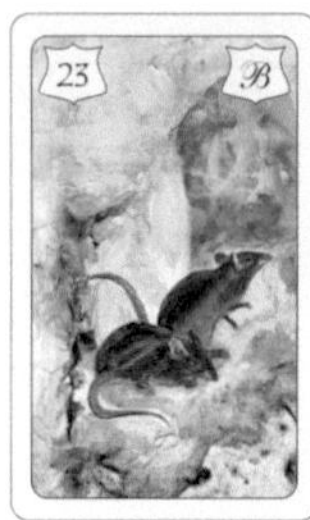

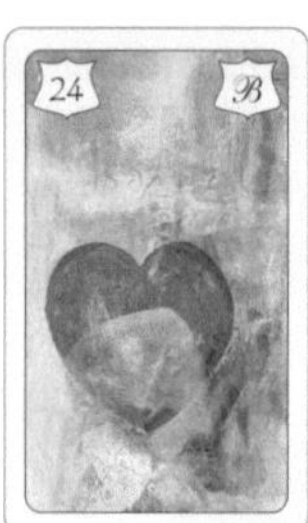

4.

Frage: Welche Sorge belastet den jungen Vater, auf den sich die folgenden Karten beziehen?

1. Finanzielle Belastungen wirken sich negativ auf das Familienleben aus.
2. Ärger am Arbeitsplatz führt zu einem gereizten Verhältnis mit seinen Kindern.
3. Das Kind dieses Mannes hat Ängste und Ärger in der Schule.

5.
Fragen zu dieser Kartenreihe:

1. Hat diese Frau Grund zur Eifersucht?
2. Hat sie Streit mit ihrem Mann?
3. Leidet sie unter der dominanten Ader ihres Partners?
4. Macht sich die Frau unnötige Sorgen, die zu Streitigkeiten führen könnten?

6.
Welche der folgenden Aussagen trifft nicht zu?

1. Angst vor der Liebe.
2. Nach Enttäuschung kommt die Liebe wieder.
3. Man verliert eine Liebe
4. Herz, Kreislauf, Blutdruck.
5. Es handelt sich um eine Kombination.

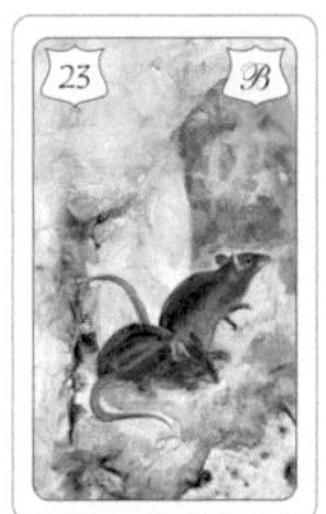

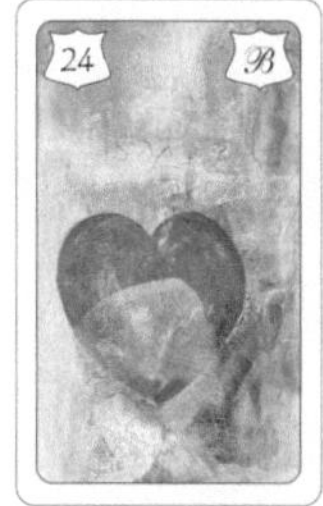

7.

Frage: Welche Aussage ist zutreffend?

1. Gehen Sie unter die Leute! Sie brauchen Kontakte, um glücklich zu sein!
2. Sie lieben Blumen.
3. Suchen Sie ihr Glück in der Natur.
4. Ziehen Sie sich rechtzeitig in die Einsamkeit zurück, ehe Ihnen alles über den Kopf zu wachsen droht.
5. geschlossene Gesellschaft
6. Lassen Sie alles hinter sich und wagen Sie einen Neubeginn!

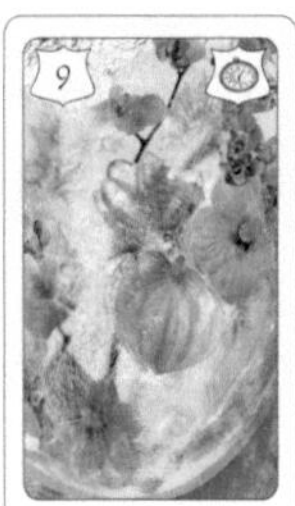

Testen Sie sich - Lösungen.

1.
Welche der folgenden Aussagen sind zutreffend?
Lösung: Die folgenden beiden Aussagen sind zutreffend:

Aussage 1: Dieser Mann ist dominant.
Aussage 7: Es handelt sich um einen aggressiven Charakter.

Wir erinnern uns an die Besonderheiten der Karte Nr. 10 Sense: Die Karte Nr. 10 Sense kann unterschiedlich gedeutet werden. Wie wir wissen, hat sie 3 Besonderheiten!

Eine dieser Besonderheiten bezieht sich auf die Position direkt hinter einer Personenkarte:
Liegt die Karte Nr. 10 Sense
rechts neben einer Personenkarte, so bedeutet dies

1. Diese Person sollte sich durchsetzen
2. diese Person ist aggressiv
3. diese Person ist dominant

2.
Bitte interpretieren Sie die folgende Kartenreihe!
Lösung:

1. Veränderungen bei der Arbeit bringen Unklarheiten mit sich.

2. Ja. Liegt die Wolkenkarte am Ende einer Deutungsreihe, so muss diese Reihe anders als üblich gedeutet werden

3.
Frage: Welche der folgenden Aussagen trifft <u>nicht</u> zu?
Lösung:

3. Man verliert eine Liebe
   In diesem Fall müsste die Karte Nr. 23 Ratte
   nach der Liebe liegen.

4.
Frage: Welche Sorge belastet den jungen Vater, auf den sich die folgenden Karten beziehen?
Lösung

1. Das Kind dieses Mannes hat Ängste und
   Ärger in der Schule.

5.
Lösungen zu dieser Kartenreihe:

1. Hat diese Frau Grund zur Eifersucht?
Nein.

2. Hat sie Streit mit ihrem Mann?
In dieser Kartenreihe erkennen wir zwar den Streit selbst, ihr Mann taucht jedoch gar nicht auf. Deshalb können wir auch nicht sagen, dass sie mit ihrem Mann im Streit liegt.

3. Leidet sie unter der dominanten Ader ihres Partners?
Auch hier können wir keine Aussage anhand der vorhandenen Kartenreihe treffen.

4. Macht sich die Frau unnötige Sorgen, die zu
   Streitigkeiten führen könnten?
Ja.
Die Dame macht sich immer wieder unnötige Sorgen*.
Dies führt immer wieder zu Streitigkeiten.

**Wir erkennen aus den Karten Nr. 12 Vögel und Nr. 2 Klee, dass sich all diese Gedanken als überflüssig erweisen.*

6.

Frage: Welche der folgenden Aussagen trifft <u>nicht</u> zu?

Lösung:

3. Man verliert eine Liebe

In diesem Fall müsste die Karte Nr. 23 Ratte nach der Liebe liegen.

7.

Frage: Welche Aussage ist zutreffend?

Lösung

1. Gehen Sie unter die Leute! Sie brauchen Kontakte, um glücklich zu sein!

Schlusswort

„Das ist aber schnell gegangen“ werden Sie sich nun wahrscheinlich denken. „Das Buch ist ja schon zu Ende und dabei habe ich noch so viele Fragen!“

Machen Sie sich keine Sorgen! Diese Fragen werden Ihnen in den folgenden zwei Bänden mit Sicherheit beantwortet werden.

Beim Kartenlegen gilt jedoch dasselbe, wie bei allen Disziplinen,
Schritt für Schritt,
langsam und kontrolliert erreichen Sie Ihr Ziel am schnellsten und am Sichersten.

Mit dem Interpretieren von zwei und mehr Karten haben Sie bereits eine der wichtigsten Lektionen erlernt.

Bitte halten Sie sich auch weiterhin daran und üben Sie regelmäßig weiter mit Ihren Karten.
Nur so können Sie sich sicher sein, nichts zu vergessen und auch ungewöhnliche Themen sicher deuten zu können.

Ich persönlich freue mich sehr darauf, Sie im nächsten Band (Aufbaukurs) wieder begrüßen zu dürfen.

Ihre Britta

Vorschau auf Lehrbuch II Aufbaukurs

Negativ Karten
Tipps, Übungen und Lösungsvorschläge

Weitere wichtige Kombinationen,
Liebe, Finanzen, Ehe, Beruf, Gefahren usw.
Tipps, Ratschläge, Übungen und Lösungsvorschläge

Momentan-Zustand
Tipps, Übungen und Lösungsvorschläge

Wir blicken in die Vergangenheit
Tipps, Ratschläge, Übungen und Lösungsvorschläge

Wir deuten eine waagrechte Kartenreihe
von der ersten bis zur achten Karte
Tipps, Ratschläge, Übungen und Lösungsvorschläge

Zusätzliche Zukunftskarten
Tipps, Ratschläge, Übungen und Lösungsvorschläge

Das Vor- und Zurücklesen
Lernaufgaben des Lebens und
Ratschläge zu deren Bewältigung.
Tipps, Ratschläge, Übungen und Lösungsvorschläge

Zeitkarten

Mischen und Auslegen des großen Tableaus
Erkennen der wichtigsten Fragen und Themen im Kartenbild

Testen Sie sich

Lösungen zu den Testaufgaben

Weitere Bücher im Brika-Verlag: www.kartenlegekurse.de

Tarot leicht erlernbar

Kompaktkurs oder Fernkurs mit Prüfung /Zertifikat

einfach und schnell mit den großen Arkanen

Dieses einmalige, unvergleichliche Lehrsystem bietet einen leicht nachvollziehbaren und klaren Einstieg in die Welt des Tarot.
Die Karten werden Schritt für Schritt verständlich gemacht, wobei sich diese Technik zunächst ausschließlich der großen Arkanen bedient. Selbst Partnerschaften und Beziehungen von Menschen untereinander lassen sich mit diesen Karten bereits genauer analysieren.
Zahlreiche Beispiele und Übungen mit Lösungsvorschlägen und Interpretationshilfen bringen Licht in das Dunkel, das Hobbykartenlegern den Umgang mit den Tarotkarten so lange unnötig erschwert hat.
Ferner bietet Ihnen dieses Buch ein kleines Lexikon der wichtigsten Tarotbegriffe, einen Überblick über die Bedeutung der Tarotkarten als Tageskarten, sowie einen kleinen Einstieg in die Numerologie für das Tarot.
Zusätzlich: Kurzbedeutungen im Hinblick auf: Liebe, Finanzen, Beruf und allgemeine Charaktereigenschaften

Brittas Wahrsagekarten mit Begleitbuch

Jede Karte wird ausführlich erklärt und gedeutet, anhand des exklusiv für Britta gestalteten außergewöhnlichen Kartendecks

- Viele zusätzliche Anregungen und Denkanstöße.
- Zuordnungen zu Sternzeichen, Edelsteinen, Farben, Chakren, Berufen und Eigenschaften;
- Zeitkarten sind mit dem Symbol einer Uhr gekennzeichnet, Zukunftskarten mit einem Auge.

Kipperkarten leicht erlernbar

Kompaktkurs
in vier Schritten zum erfolgreichen Kartenlegen
oder Fernkurs mit Prüfung /Zertifikat

Die seit Jahrhunderten beliebten Kipperkarten werden hier in einem einzigartigen, leicht nachvollziehbaren und übersichtlichen Lehrbuch schnell und verständlich erklärt!

- Kipperkarten verstehen und deuten lernen
- Alle Karten mit ihren Bedeutungen, die Kipperkarten im Tableau
- Die Beziehungen der Karten untereinander, Kombinationen
- Verschiedene Legesysteme, Schnelllegesysteme
- Die Astrologische Jahres-Kartenlegung, das Einbeziehen von Zusatzkarten, Hinweise zur Arbeit mit der Tageskarte
- Tipps für Fortgeschrittene, zahlreiche Tipps und bildliche Darstellungen, Übungen und Lösungsvorschläge

Zigeuner-Wahrsagekarten leicht erlernbar

Kompaktkurs
in vier Schritten zum erfolgreichen Kartenlegen
oder Fernkurs mit Prüfung /Zertifikat

Die Autorin und Kartenlegerin Britta Kienle widmet sich in diesem Band den beliebten Zigeunerkarten, die vielen Interessierten als einfacher und schnell zu erlernender Einstieg in die Welt der Wahrsagekarten dienen können.

- Die 36 Zigeunerkarten und ihre Bedeutungen
- Das Ziehen einer Tageskarte, verschiedene Legesysteme
- Das schnelle Erkennen von Verbindungen, erste Kartenbilder
- Das kleine Kreuz und seine Erweiterung
- Zusätzliches Abdecken ausgewählter Karten
- Kombinationen und weitere Besonderheiten, Zukunfts- und
- Zeitkarten, Jahreszeiten, alle Personenkarten im Überblick
- Zahlreiche Tipps und bildliche Darstellungen, Übungen und Lösungsvorschläge

Empfehlenswerte Zusatzbücher zum Selbstlernkurs

Das Interpretieren lernen, die Kombinationen auf einen Blick erkennen, weitere Legesysteme und Deutungsmethoden.

Lehrbücher zum Professionellen Kartenlegen (Zur Vertiefung des Kartenlegens)

Sie wollen tiefer in das Kartenlegen eindringen, mehr Wissen sammeln und sich vielleicht sogar selbständig machen?

Ergänzungsbücher zum Kartenlegen (Auch zu anderen Kartendecks einsetzbar)

Sie haben eine schnelle Frage z.B.

- Wie sieht es heute mit meiner Stimmung, Laune aus?
  *Ziehen Sie eine Stimmungskarte
- Wie soll man auf einen Disput reagieren?
  *Ziehen Sie auf die Frage eine Ergänzungskarte
- Weshalb ist etwas geschehen?
  *Ziehen Sie eine Zigeunerkarte, um die Antwort zu erhalten.

Bei Interesse an Seminaren und Fernkursen –

Kartenlegen leicht erlernbar

- Madame Lenormand leicht erlernbar
- Tarot leicht erlernbar
- Kipperkarten leicht erlernbar
- Zigeuner-Wahrsagekarten leicht erlernbar

Autorin Britta Kienle

Sofortiges Kartenlegen
0900 57 66 20 400 – Euro 1,49/min v. d. Festnetz
ggf. abweichende Preise aus Mobilfunknetzen
Stand 2009

Liebe Leserin, lieber Leser,
das vorliegende Lehrbuch bietet Ihnen einen Leitfaden für den professionellen Umgang mit Karten. Jeder Mensch ist ein Individuum. Dies bedeutet unter anderem, dass jede/r Kartenleger/in im Laufe der Zeit sein oder ihr persönliches System entwickeln wird. So gibt es kein allgemein gültiges Rezept, wie oder womit Sie Ihre Beratungen durchführen können. Daher kann seitens des Verlages oder der Autorin für sich eventuell ergebende Fehlinterpretationen oder Fehlberatungen seitens der Leserschaft keine Verantwortung übernommen werden.

Übersicht: Brittas bewährtes Lehrsystem

Der große Selbstlernkurs - Grund- und Aufbaukurs

Als Hobby, Neben- oder Hauptberuf
NEU:
Der große Selbstlernkurs

Das große **Übungsbuch** zum Kompaktkurs, Fernkurs, **großen Selbstlernkurs** und zu den Lehrbüchern I-III

Empfehlenswerte Zusatzbücher zum Selbstlernkurs

Interpretations-hilfe

Kombinationen auf einen Blick

Legesysteme mit Fallbeispielen

Professionelles Kartenlegen

Hilfsmittel, Tipps Techniken, Fakten und Tricks zur Selbständigkeit

Grundstein für eine eigene Existenz als Kartenleger/in

Ratgeber&Übungsbuch für professionelle Beratungsgespräche Kartenbilder und ihre Deutungen

Ergänzungsbücher zum Kartenlegen

Genaue Analyse der Tagesstimmung
Stimmungsbuch plus Karten

Die Frage nach der Ursache „WARUM?
Zigeunerbuch plus Karten

WIE soll ich reagieren?
Ergänzungsbuch plus Karten